NOTICE HISTORIQUE

SUR

SCARPONE ET DIEULOUARD

PAR

M. L'ABBÉ MELNOTTE

Curé de Belleville.

Ville de Dieulouard.

NANCY

IMPRIMERIE DE RENÉ VAGNER

3, RUE DU MANÉGE, 3

—

1895

NOTICE HISTORIQUE

SUR

SCARPONE ET DIEULOUARD

LE COUVENT DE DIEULOUARD, AVANT LA RÉVOLUTION.

NOTICE HISTORIQUE

SUR

SCARPONE ET DIEULOUARD

PAR

M. L'ABBÉ MELNOTTE

Curé de Belleville.

NANCY

IMPRIMERIE DE RENÉ VAGNER

3, RUE DU MANÉGE, 3

1895

NOTICE HISTORIQUE

SUR

SCARPONE ET DIEULOUARD[1]

AVANT-PROPOS

Il est peu de localités, dans notre pays, qui offrent un passé aussi intéressant à étudier que Scarpone et Dieulouard.

Scarpone, qui n'est plus aujourd'hui qu'un modeste hameau, a été, pendant toute la période gallo-romaine, une des villes les plus florissantes

---

[1] L'impression de cette *Notice* est due aux libéralités de M. l'abbé Marchal, curé de Dieulouard.

M. l'abbé Marchal est né à Pont-à-Mousson, de parents universellement estimés.

A Lunéville, où il débuta dans le saint ministère, en qualité de vicaire à la paroisse St-Jacques, il se fit bientôt remarquer par son zèle, son activité, surtout par son dévouement à l'égard des soldats de la garnison.

A Leyr, où il est resté de longues années, sa mémoire est en vénération. Cette paroisse lui doit, en grande partie, ses habitudes chrétiennes. Il y a relevé le temple matériel et spirituel.

A Dieulouard, où il est curé depuis 1878, il a fait un bien considérable par sa générosité, ses aumônes nombreuses et *discrètes*, en même temps que par sa prudence et sa fermeté, disant toujours toute la vérité, mais sans jamais blesser personne.

Qu'il veuille bien recevoir ici l'expression de notre vive et profonde gratitude.

du Leuquois, et, pendant le Moyen-Age, le siège d'un comté considérable.

Dieulouard, qui lui a succédé, a joué, lui aussi, un certain rôle dans l'histoire de la contrée. A défaut d'autres documents, les ruines imposantes de son vieux château ne suffiraient-elles pas pour faire comprendre que ce bourg a eu quelque célébrité ?

Dès le commencement du vii° siècle, on trouve à Scarpone, sur la colline de Gellamont, une abbaye de Bénédictins; à cette abbaye succède une Collégiale (997), qui, à son tour, fait place à un couvent de Bénédictins anglais (1606).

C'est ce passé, politique et religieux, que nous nous proposons de raconter, en nous aidant des nombreux auteurs qui ont écrit sur la matière [1]. Nous avons aussi consulté les traditions locales, selon le conseil du Sage : « Interrogez les anciens et ils vous renseigneront [2]. »

Nous dédions cet ouvrage aux habitants de Dieulouard. Ces pages, qui leur retraceront la condition d'existence de leurs aïeux et leur rappelleront les événements accomplis au milieu d'eux,

_____

[1] En particulier : Dom Calmet, *Histoire de Lorraine. Preuves de l'Histoire de Lorraine, Notice de Lorraine.* — Henri Lepage. *Les Communes de la Meurthe, le Département de la Meurthe.* — *Les Mémoires d'archéologie lorraine,* passim. — *Les Archives départementales.* — *Les Archives de Dieulouard.* — Le Bonnetier. *Manuscrits.*

[2] *Interroga majores et dicent tibi.*

ne sauraient manquer d'attirer leur attention et de frapper leur curiosité.

Avant de commencer, nous avons l'agréable devoir de remercier publiquement M. Charles Bussienne, qui a fouillé avec nous les Archives départementales et celles de Dieulouard, son lieu natal, et nous a donné, avec une bonne grâce parfaite, tous les renseignements désirables.

———————

CHAPITRE PREMIER

SCARPONE

(De l'an 40 environ avant J.-C. à l'an 1007).

Son origine. — Les Romains. — Établissement de la religion
chrétienne. — Constantin-le-Grand. — Le général Jovin et les
Allemands. — Attila. — Fondation d'une abbaye de Bénédictins à Gellamont. — Charlemagne. — Le comté de Scarpone. —
Les Normands. — Les Hongrois. — Miracles opérés à Gellamont par les reliques de saint Baldéric. — La Collégiale St-Laurent. — Dudon. — Donation du comté de Scarpone à l'évêque de
Verdun, Heimon. — Dieu le garde! — Destruction et incendie
de Scarpone.

Suivant quelques historiens [1], la ville de Scarpone devrait son origine à une colonie de Troyens
fugitifs, ayant à leur tête un nommé *Serpanus*.

Citons, à titre de curiosité, un extrait de la
Chronique de Metz, mise en vers français, au
xve siècle, par Jean Châtelain [2] :

> Troyes-la-Grande fut détruite
> L'an quatre mil deux cent et huit ;
> Par la fortune de Pâris
> Et d'Hélène tout fut péri.

---

[1] Entre autres, Laurent Mansuy, *Notice sur l'ancienne ville de
Serpanne*, etc.

[2] Religieux Augustin. Il prit parti pour la Réforme, vint prêcher
à Metz en 1524, se fit remarquer par la violence de ses prédica-
tions. Arrêté à Gorze, il fut emprisonné à Nomeny, et brûlé à Vic,
comme hérétique, le 12 janvier 1525.

Les Troyens prenant leur départ,
Cherchant refuge autre part,
Au long, au large, à la ronde,
Furent dispersés par le monde.

De ces Troyens de grande noblesse,
Vinrent neuf personnages à Metz,
Que l'on nommait Dividuum;
Tous étaient de nobles prudhommes.

L'un d'eux était nommé *Serpanus*,
Avec lui son frère Aurénus.
Ils étaient tous deux fils de Roi,
Et bons justiciers en leur loi...

Un château taillé et muré
Fit faire pour y demeuré;
Mais quand il fut bien élevé,
Le redéfit pour abrégé.

Ce château de noble façon,
Était au-delà de Monçon;
On l'abattit, ce fut dommage,
Mais on y fit un beau village.

Ce village fut nommé *Serpane*.....

Est-il besoin de dire que c'est là un conte fabuleux? La vérité est que la fondation de Scarpone remonte aux premiers temps de la domination romaine dans nos contrées. Lorsque l'empereur Auguste établit les grandes chaussées qui reliaient les Gaules à Rome [1], un pont fut jeté sur la Moselle, vis-à-vis de la côte de Gellamont, pour servir à la grande voie qui allait de Metz à Toul; puis, tout à côté, pour le protéger et en défendre

_____

[1] De là le proverbe si connu : « Tous les chemins mènent à Rome. »

le passage, on éleva une forteresse qu'on nomma *Scarpone*[1], à cause des rochers *escarpés* au pied desquels elle était assise.

En même temps, les Romains, en habiles stratégistes, construisirent quelques ouvrages fortifiés, quelques retranchements, sur les collines environnantes de Gellamont[2], Cuite, Hermomont, Sainte-Geneviève, Mousson.

Attirés par la beauté de cette riche vallée, par la facilité des communications[3], et surtout par le voisinage d'une forteresse où ils pouvaient chercher un refuge en cas de danger, bon nombre de Romains et de Gaulois vinrent se fixer à Scarpone; ils se bâtirent des villas tout autour de la forteresse et jusque sur les flancs des charmantes collines voisines. De la sorte, Scarpone s'accrut rapidement en population et en étendue. Il devint une des villes les plus importantes du pays[4], bien qu'il n'ait jamais embrassé les sept lieues de tour que la tradition lui attribue..... « Il est aisé, dit Dom Calmet, de conjecturer par les vestiges des anciens monuments découverts à Scarpone, que cette ville a été une des plus considérables de la

---

[1] Le Bonnetier. — *L'Itinéraire d'Antonin* parle de la ville de *Scarpone.*

[2] *Gellamont*, colline où est bâti le bourg de Dieulouard.

[3] Indépendamment de la grande voie de Metz à Toul, plusieurs routes aboutissaient à Scarpone. Une venait de Strasbourg, Tarquimpol, Marsal; une autre de Manhoué, Sivry, Ville-au-Val; une troisième de Port-sur-Seille.

[4] « La troisième, » Henri Lepage.

province. » Elle semble avoir atteint son plus haut degré de splendeur, son apogée, au commencement du ive siècle ; en effet, les morceaux d'architecture et de sculpture recueillis dans ses ruines appartiennent presque tous à cette époque.

La religion païenne était la religion primitive de Scarpone. On y adorait les principales divinités de Rome et de la Gaule, ainsi qu'en témoignent les nombreuses statues qu'on y a découvertes. Jupiter, le père des dieux du paganisme, y avait ses autels ; Vénus y recevait des honneurs, comme partout [1] ; Mercure, Junon, Bacchus, Diane, Morphée, y avaient leurs images. Sur la côte de Cuite, qui fixait la limite du pays messin et du pays leuquois, un temple était dédié au dieu Terme.

Il serait intéressant de connaître l'époque précise de l'introduction du christianisme à Scarpone ; malheureusement, l'histoire est muette sur ce point. Sans doute, il est permis raisonnablement de croire qu'il y avait des chrétiens dès les ier et iie siècles, comme il y en avait à Toul et à Metz ; mais en l'absence de documents authentiques, on en est réduit à de simples conjectures. Tout ce qu'on peut affirmer, c'est que la religion chrétienne s'y implanta sérieusement sous le règne de Constantin-le-Grand, et y fit de rapides progrès.

_____

[1] Une statue en bronze de Vénus, trouvée dans les ruines de Scarpone, se trouve au musée lorrain.

On sait que, dans le cours de l'année 311, ce prince quitta Trèves, sa résidence favorite, pour aller conquérir l'Italie. Un soir, vers le coucher du soleil, son camp est éclairé d'une vive lumière : c'est une croix de feu qui est apparue dans les airs, avec ces mots : « *In hoc signo vinces*, par ce signe tu vaincras. »

Converti et transporté de joie, Constantin arbore la croix dans ses étendards, traverse les Alpes et remporte deux victoires qui lui assurent la conquête du monde. De retour à Trèves, il s'applique à répandre la bonne nouvelle de l'Evangile, et élève partout des temples au vrai Dieu, notamment à Scarpone. « Les Scarponois, dit Le Bonnetier, sont en droit de réclamer Constantin-le-Grand comme auteur de leur église[1]. Cette église fut, sans doute, desservie par un prêtre résidant, qui avait pour mission la conduite et l'instruction des néophytes. »

Certains auteurs ont pensé que l'apparition du Labarum avait eu lieu dans les environs de Scarpone, et que les habitants de cette ville avaient pu en être les témoins oculaires[2]. Quoi qu'il en soit, ceux-ci élevèrent un bel obélisque qui rappelait ce fait miraculeux. Sur les faces du piédestal étaient des bas-reliefs représentant la victoire de Constantin sur Maxence et son entrée triomphale à Trèves ; le sommet était orné d'une croix

---

[1] Cette église était placée sous le patronage de St-Georges.
[2] Cette opinion est-elle soutenable ?

en pierre, entourée de rayons, « semblable à une petite roue de carrosse[1]. »

« La tradition, dit Le Bonnetier, a continué jusqu'à présent à confirmer que, dans les environs de Scarpone ([2]), une croix environnée d'un cercle lumineux est apparue à Constantin. Voici en quoi. Lorsqu'on procède à l'enterrement d'une personne morte après avoir reçu le sacrement d'Extrême-Onction, les parents ou amis du défunt plient une serviette blanche jusqu'à la largeur de trois ou quatre doigts, et la mettent à l'entour de la croix, sur les bouts des croisillons, en rattachant après le pied de la croix, au moyen d'un ruban de fil. les deux extrémités de cette serviette : ce qui forme une croix entourée d'un cercle lumineux, comme celle qui apparut au grand Constantin[2]. »

A partir de Constantin, Scarpone vit sa prospérité décroître, par suite des incursions des barbares.

La Gaule a toujours été pour les Allemands un objet d'ardentes convoitises. Plusieurs fois déjà, pendant les IIe et IIIe siècles, ils l'avaient envahie, sans pouvoir toutefois s'y établir. Or, rapporte l'historien Ammien Marcellin[3], ils l'envahirent de nouveau dès les premiers jours de l'année 366, et

----

[1] Le Bonnetier.

[2] Cette coutume dont parle Le Bonnetier n'est pas complètement perdue. Nous l'avons retrouvée dans plusieurs villages de l'ancien comté de Scarpone, en particulier, à Autreville et Millery.

[3] Livre XXVII. chap. II.

mirent en déroute les généraux romains chargés
de surveiller les frontières. L'empereur Valen-
tinien Ier, qui se trouvait alors à Paris, ressentit
le plus vif chagrin à la nouvelle de cette défaite,
et aussitôt il envoya un autre général, Dagalaïf,
pour les repousser. A son tour, Dagalaïf fut
rappelé à cause de son indécision, et remplacé par
Jovin, maître de cavalerie. A celui-ci était réservé
l honneur de battre l'ennemi et de le chasser du
territoire. Une première bande d'Allemands s'était
avancée jusque Scarpone; Jovin tombe sur elle à
l'improviste et l'extermine, sans qu'il lui en coûte,
à lui, un seul homme [1]. Puis, profitant de l'ardeur
de ses soldats encouragés par ce succès inespéré,
il marche contre un second corps d'Allemands
que ses éclaireurs lui ont signalé sur la rive droite
de la Moselle. Il s'en approche, sans être vu, en
se glissant dans une vallée couverte de forêts [2]. Il
les aperçoit qui sont occupés, les uns à se bai-
gner, les autres à boire ou à se teindre les cheveux
selon la mode de leur pays. De suite, il fait sonner
la charge, se précipite sur eux, sans leur laisser

---

[1] Nous pensons avec M. Digot (*Mémoires d'archéologie*, t. XV),
que cette première rencontre eut lieu à l'extrémité du bourg de
Dieulouard, du côté de Nancy, sur la route nationale. Une chose
nous confirme dans notre opinion, c'est que, il y a quelques
années, on a découvert à cet endroit une énorme quantité d'ossements d'hommes et de chevaux, entassés pêle-mêle : ce qui
indique évidemment l'emplacement d'un champ de bataille. — On
y a trouvé aussi une pierre sépulcrale, avec l'inscription : Aux
mânes de Livanius par l'ordre et le bon plaisir de Jovin.

[2] Vallée Faatquaenine et Hollamboîs.

le temps de courir aux armes et de se ranger en bataille. Il en fait un horrible carnage. Quelques-uns seulement parvinrent à s'échapper, en se sauvant par des sentiers étroits et tortueux [1].

Un siècle plus tard (451), Scarpone eut à subir un siège mémorable. Attila, le fléau de Dieu, a passé le Rhin à la tête de ses hordes innombrables. Longeant la chaîne des Vosges, il marche vers la Moselle. Tarquimpol, Mayence, Trèves, ne sont bientôt plus qu'un monceau de ruines; tous les habitants qui n'ont pu fuir sont passés au fil de l'épée. « Dans le courant du mois de mars, raconte Paul Diacre [2], le Barbare paraît devant Metz. Mais la ville lui ayant fermé ses portes, il ne jugea pas à propos d'en faire le siège, l'estimant trop forte. Et comme il avait hâte de pénétrer jusqu'au cœur même de la Gaule, il se contenta d'en ravager les environs, et continua sa route. Maintenant, c'est au tour de Scarpone à trembler. Toutes les collines où s'élèvent aujourd'hui les villages de Bezaumont, Sainte-Geneviève, Landremont, sont couvertes de Huns, à l'aspect farouche et sauvage. A la première nouvelle de leur approche, les Scarponois, sachant le sort qui leur sera réservé en cas de défaite, se sont empressés de mettre leur forteresse en état de dé-

---

[1] Ce second combat fut livré, entre Atton et Loisy, au lieu appelé « terre maudite. » L'endroit où les morts furent enterrés se nomme encore « l'Atrée ou le cimetière des Allemands. »

[2] *Gesta episcoporum Metensium.*

fense ; ils ont réparé les murailles, coupé les ponts, dressé sur les remparts et sur les tours les machines de guerre, nettoyé le fossé de circonvallation, qui est la principale force de la place. Longtemps, l'épouvante fut grande parmi eux. Mais enfin, après plusieurs assauts infructueux, les Huns, ayant appris que les murs de Metz venaient de s'écrouler subitement, retournèrent sur leurs pas, et s'emparèrent de cette dernière ville, qu'ils mirent à feu et à sang [1]. Scarpone était sauvé.

Le danger disparu, on songea à réparer le mal. Les faubourgs étaient détruits, les nombreuses et riches villas semées à l'entour étaient brûlées et saccagées ; on les releva. Au bout de quelques années, il ne restait plus guère de traces du passage des Huns.

Pendant les deux cents ans qui suivent, l'histoire garde un silence à peu près complet sur Scarpone ; nous n'avons à enregistrer aucun fait de quelque valeur.

Le VIIe siècle, qui vit la création de puissantes abbayes dans notre province, en particulier celles de Luxeuil, Remiremont, Senones, Étival, Saint-Epvre, vit aussi la création d'une abbaye de Bénédictins à Scarpone, sur la colline de Gellamont.

D'où venaient ces religieux ? Combien étaient-ils ? Quel fut leur fondateur ? Autant de questions auxquelles il est impossible de répondre, les titres authentiques ayant disparu dans le pillage des

----

[1] *Ibid.*

guerres [1]. Toutefois, leur existence ne saurait être mise en doute. « Il y avait anciennement, près de Dieulouard, dit Dom Calmet, une abbaye de Bénédictins, nommée Gellamont, à laquelle succéda une Collégiale [2].... »

L'aspect de la colline de Gellamont était alors bien différent de ce qu'il est aujourd'hui, avec ses maisons, ses vignes, ses vergers, ses houblonnières, ses champs cultivés. C'était un site rocailleux, couvert en partie de forêts. On y voyait encore quelques débris de fortifications romaines et des grottes, qui avaient dû servir de demeure aux premiers habitants du pays. Les religieux commencèrent par aménager une de ces grottes pour en faire un oratoire [3], où ils pourraient chanter l'office divin et célébrer les saints mystères; ils le mirent sous le patronage de S¹ Romain, martyr. Puis, tout autour de la maison de Dieu, ils se construisirent d'humbles cellules réunies par un cloître. Enfin, ils portèrent la cognée dans les bois pour agrandir leur horizon.

---

[1] Tout récemment, on a découvert, dans la cour de cet ancien couvent, un tombeau en pierre qui renfermait un corps humain, à l'exception de la tête, et quelques fragments d'étoffe de soie. Sur le couvercle était taillée grossièrement une crosse d'abbé. Ne serait-on pas en présence des restes d'un des abbés de ce monastère?

[2] *Notice de Lorraine*, Art. Dieulouard. — A. Digot. *Hist. d Lorr.*, 1 vol., p. 177.

[3] Cet oratoire, dit le Bonnetier, devait être fort petit, si l'on en juge par le chœur qui sert de crypte à l'église actuelle du couvent S¹-Laurent des Bénédictins anglais (1767). De cette ancienne église S¹-Romain, il reste trois pierres sculptées dont l'une représente l'interrogatoire de Saint-Laurent.

Selon toute apparence, ils suivaient la règle de
St-Benoit, vrai chef-d'œuvre de sagesse, de discrétion et de raison[1]. Leur temps se partageait
donc entre le travail et la prière ; sept heures de
sommeil, coupées par la récitation de l'office à
minuit ; pendant le jour, sept heures consacrées
au travail manuel, deux heures à l'étude, le reste
à la prière et à la méditation.

Dans les premières années du x⁰ siècle, ils quittèrent Gellamont et se rendirent à Morey, où ils
construisirent un nouveau monastère sur l'emplacement du château actuel[2]. Ils eurent pour successeurs les Chanoines de Montfaucon-d'Argonne[3].

Il est permis de supposer que la présence de
ces moines n'a pas été sans quelque utilité pour le
pays. Lorsqu'ils parurent, on sortait à peine des
grandes invasions qui avaient jeté sur la contrée
une nuée de barbares, aux mœurs grossières et
violentes, ne rêvant que guerres, pillages et massacres, ennemis du travail des champs, ne recon-
naissant d'autre loi que la force matérielle. Or, à
ces hommes avides de luttes sanglantes, ils apprirent par leur exemple à aimer et à pratiquer la
douceur, le travail, la justice. Ils contribuèrent

[1] Montalembert, *les moines d'Occident.*
[2] Le Bonnetier, *Archives du château de Morey.* — Ces archives
sont perdues.
[3] Les Bénédictins échangèrent leur couvent de Gellamont pour
une terre que les Chanoines de Montfaucon possédaient sur le
bords du Rhin. (Flodoard, *Histoire de Reims*, chapitre XLI.)

ainsi, dans une certaine mesure, à faire pénétrer dans la société la sève de la vie chrétienne.

Quand les Francs eurent succédé aux Romains dans les Gaules, Scarpone vit flotter sur ses murs le pavillon de Clovis, Charles Martel, Charlemagne. D'après une antique tradition, ce dernier serait venu l'assiéger et n'aurait pu y entrer qu'au bout de trois jours. Il en fit depuis une de ses résidences royales, où il aimait à venir se reposer de ses fatigues et de ses guerres. C'est lui, dit-on encore, qui planta les *vignes appelées Charlemagne*, au pied de la côte de Cuite, « car il n'était pas l'ennemi du bon vin [1] ».

A cette époque, Scarpone n'était plus seulement le nom d'une ville, mais celui d'un comté [2]. Ce comté s'étendait fort loin : il touchait au nord le pays messin, au midi le Toulois et la Voivre, au levant le Saunois. Il comprenait un grand nombre de villages, entre autres : Thiaucourt, Pannes, Gorze, Xammes, Essey-et-Maizerais, Ars-sur-Moselle, Novéant, Belleville, Pagny, Prény, Arnaville, Bayonville, Norroy, Champey, Mousson, Bouxières-sous-Froidmont, Millery, Autreville

---

[1] Le Bonnetier.
[2] La plus ancienne mention qui soit faite, croyons-nous, du *comté de Scarpone*, se trouve consignée dans un diplôme donné par le roi Pépin, en 752, en faveur de l'abbaye de Gorze (*Cartulaire de Gorze*, titre 10). — Il est aussi question du *Pagus Scarponensis* dans l'acte de fondation de l'abbaye de Gorze, en 74? (*Cart.*, t. I).

Rosières-en-Haye, les Saizerais, Marbache, Liverdun, etc. [1].

Après la mort de Charlemagne, ce comté fit
partie du royaume auquel Lothaire donna son
nom.

Plus tard (877), il se trouva enclavé dans les
domaines de Louis-le-Germanique et de ses enfants, et demeura attaché à l'Allemagne pour de
longs siècles, bien que la langue allemande n'ait
pu dépasser les cimes des Vosges et que ses habitants soient restés français de langage, de relations, de cœur et d'humeur guerrière.

En 945, il devint l'apanage de la famille de
Godefroy de Verdun.

Sous le gouvernement de ces princes, il eut
beaucoup à souffrir de la rapacité et des dépré-
dations des Normands. Portés sur des barques
légères, d'un faible tirant d'eau, ces hardis aven-
turiers remontèrent plus d'une fois le cours de la
Moselle et pénétrèrent jusque Scarpone, qu'ils
pillèrent et rançonnèrent sans pitié, notamment
en l'année 890.

D'autres barbares, plus cruels encore, leur suc-
cédèrent : nous voulons parler des Hongrois. Les
historiens du moyen-âge nous en font un portrait
épouvantable. C'étaient, nous disent-ils, des hommes de petite taille, mais d'une vivacité extraordinaire, ayant la tête rasée afin de ne donner aucune prise à leurs ennemis, les yeux enfoncés et

---

[1] Henri Lepage, *le Département de la Meurthe.*

étincelants, le teint jaune et basané, le visage couvert de cicatrices volontaires, se nourrissant de viande crue ou échauffée entre la selle et le dos de leur cheval..... Voilà le peuple qui envahit la Lorraine à cinq reprises différentes, en 910, 915, 926, 937 et 954. En 954, ils assiégèrent Scarpone, sans cependant pouvoir s'en emparer. Il faut croire qu'ils commirent de bien grandes atrocités, car leur souvenir est loin d'être effacé dans notre pays. Sous la figure de l'Ogre, au nez crochu, à la bouche armée de longues dents, altéré de chair fraîche, ne peut-on pas reconnaître ces terribles Hongrois qui ravagèrent notre pauvre Lorraine au x⁰ siècle ?

Quelques années après (984), la guerre ayant éclaté entre Othon, empereur d'Allemagne, et Lothaire, roi de France, ce dernier accourt en Lorraine, prend d'assaut Verdun, fait prisonnier le comte Godefroy et vient mettre le siège devant Scarpone. La femme du prisonnier, l'héroïque comtesse Mathilde, continua la lutte, sur les conseils du moine Gerbert [1], qui lui écrit : « Ma fille, je vous prie de ne pas vous laisser abattre par la mauvaise fortune, mais de conserver inviolablement la foi que vous avez jurée à l'empereur Othon, de n'écouter aucune proposition de la part des Français, et surtout de ne point vous dessaisir de *Scarpone*, Hatton-Châtel et des autres places qui

---

[1] Devenu pape, sous le nom de Sylvestre II. — *Epist.* 47. — *Notice de Lor.*, art. Dieulouard.

vous ont été confiées..... » Elle résista si bien, qu'elle finit par triompher de son redoutable adversaire.

Il nous faut parler maintenant des miracles opérés à Gellamont par les reliques de S¹ Baldéric et de la fondation de la collégiale S¹-Laurent.

Nous avons vu plus haut comment les chanoines de Montfaucon-d'Argonne avaient succédé aux Bénédictins à Gellamont et comment ils étaient devenus propriétaires du couvent S¹-Romain. Quelques frères de la communauté partirent donc, raconte Flodoard [1], pour prendre possession de cette terre. Ils emportaient avec eux, suivant l'usage, les reliques de leur patron, S¹ Baldéric [2], qu'ils déposèrent dans l'église S¹-Romain, malgré l'opposition d'un certain Milon [3], ancien prévôt des Bénédictins.

« Plusieurs, à cette nouvelle, continue l'historien [4], vinrent se recommander à la protection du

[1] *Histoire de Reims* (ch. XLI).

[2] Saint Baldéric (750 † en 629) était fils du roi Sigisbert I⁰ʳ et de la célèbre Brunehaut. Jeune encore, il quitta la cour de son père et se réfugia dans les forêts de l'Argonne, loin des bruits du monde, afin de se donner tout entier au Seigneur. Tandis qu'il était à la recherche d'une retraite, un faucon le conduisit sur le sommet de la colline où s'élève aujourd'hui le bourg de Montfaucon-d'Argonne. Il fixa là sa demeure, construisit un oratoire et, quelques années après, un monastère qui devint fameux. C'est à lui que Montfaucon doit son origine.

[3] Qu'était ce Milon? En vertu de quel droit s'opposait-il à la prise de possession de l'église S¹-Romain? C'est ce qu'il nous a été impossible de découvrir.

[4] *Histoire de Reims*, ch. XLII : « De l'église S¹-Romain à Gellamont et des miracles qui s'y sont opérés. »

Saint, entre autres, deux nobles femmes aveugles et une pauvre femme percluse de tous ses membres. La nuit de la vigile de S¹ Romain, tandis qu'on célébrait solennellement l'office, suivant la coutume, il apparut tout à coup une lumière si brillante venue du ciel, qu'elle surpassait en éclat toutes les lumières du saint lieu. L'autel seul, sur lequel étaient déposées les saintes reliques, semblait couvert d'une nuée épaisse, et la châsse qui les contenait être mise en mouvement, quand soudain une des aveugles, et bientôt l'autre, s'écrient qu'elles voient. Alors la pauvre percluse, qui était entre elles, s'étant mise à crier et à implorer le secours de Dieu et de S¹ Baldéric, sent ses bras se dégager, puis ses genoux, jusqu'à ce qu'enfin elle peut se tenir debout sur ses pieds. Rendue entièrement à la santé, elle fut depuis lors entretenue par la charité des clercs.

« Dans le temps que ceux-ci demeuraient à Gellamont avec leur dépôt sacré, il arriva, un soir, au moment où ils étaient paisiblement réunis, qu'un homme au service d'un ami de Milon, en état d'ivresse et en colère, vint les injurier, en leur demandant ce qu'ils faisaient là, et à quel titre ils détenaient la propriété de Milon. Ils lui répondirent que ce domaine, quoiqu'il en dise, appartenait, non à Milon, mais à S¹ Baldéric ; menacé par les chanoines, il s'éloigna d'eux, puis, gravissant une éminence voisine, il se précipita du haut en bas, et fut si brisé de cette chute qu'on le crut mort ou peu s'en fallait. Relevé en cet état, il fut porté auprès du Saint, s'avoua coupable et, guérissant contre toute espérance, il fut rétabli en parfaite santé. »

Les chanoines de Montfaucon administrèrent ce domaine de Gellamont par un des leurs, député à cet effet, jusqu'à ce que Dudon y établit une collégiale, en 997.

Dudon naquit à Gellamont vers 950[1]. Son père, grand marchand de la ville de Verdun, accompagna en Espagne le bienheureux Jean de Vandières, abbé de Gorze, chargé d'une mission extraordinaire auprès du calife Abdérame. On lit dans l'*Histoire de Lorraine* de A. Digot : « Otton Ier, qui désirait envoyer une ambassade au calife de Cordoue, Abdérame III, confia cette mission délicate à Jean de Vandières.... L'envoyé de l'empereur parvint à obtenir ce qu'il était venu demander, c'est-à-dire la promesse d'empêcher à l'avenir les courses des corsaires sarrazins, qui répandaient la terreur sur les côtes de la Provence et de l'Italie. Il revint ensuite au monastère ; mais les ravages des pirates musulmans n'ayant pas cessé, l'empereur le chargea d'une seconde mission, et l'infatigable solitaire se remit en route, accompagné d'un marchand de Verdun, nommé Dudon, et se rendit de rechef à Cordoue[2] », en passant par Scarpone où il fit ferrer son cheval[3].

A son retour, Dudon se fixa à Gellamont, et s'y

---

[1] Wassebourg, *Antiquités de la Gaule*, etc., f. CCXIJ.
[2] Ier vol., p. 279, 280.
[3] *Vie du Bienheureux Jean de Vandières*, n° 117-118.

rendit acquéreur de grandes propriétés. Son fils prit l'habit religieux à la collégiale de Montfaucon-d'Argonne, dont il devint bientôt le prévôt, en même temps que primicier de la cathédrale de Verdun[1]. A la mort de son père, persuadé qu'il ne pouvait faire un plus noble usage de ses biens patrimoniaux que de les consacrer à la gloire de Dieu, il s'en servit pour fonder une collégiale à Gellamont[2], et la doter richement. Puis, il fit construire tout à côté, « à grands frais d'argent et de peines, un château fortifié[3] », où les chanoines pourraient trouver un asile en cas de danger, et une chapelle, dédiée à St Sébastien[4], pour l'usage des défenseurs du château.

Les choses en étaient là, quand le comté de Scarpone changea une fois encore de maîtres et passa sous le gouvernement des évêques de Verdun, en 997[5]. Voici dans quelles circonstances. Le comte Frédéric, fils et successeur de Godefroy-le-prisonnier, las de régner et méprisant le vain éclat des grandeurs humaines, se fit religieux à l'abbaye de St-Vanne de Verdun, afin de se consacrer tout entier au service du grand Maître du

---

[1] Le primicier était dans les églises cathédrales, celui qui avait soin de l'ordre des offices et qui présidait au chœur; il était le premier des chantres. Le nom de primicier lui vient de ce qu'il était marqué le premier sur la tablette enduite de cire qui contenait le nom des chantres, *primus in cerá*.

[2] Dans la maison cédée par les Bénédictins,

[3] Roussel, *Histoire des évêques de Verdun.*

[4] Eglise paroissiale actuelle de Dieulouard.

[5] Dom Calmet, *Hist. de Lor.*, t. VIII, p. 98 et 99.

ciel. C'était, dit Roussel, un prince accompli, dont la piété et les bons exemples servirent beaucoup à la réforme des personnes de grande et moindre condition.... qui fit beaucoup de bien aux églises. Il était lié d'une étroite amitié avec Heimon, évêque de Verdun. Sachant qu'il ne pourrait remettre ses Etats en meilleures mains qu'en celles de son illustre ami, il lui en fit « abandon et donation à lui et à ses successeurs'», en stipulant toutefois qu'il en conserverait la souveraineté jusqu'à sa mort [1].

Heimon accepta cette donation, du consentement du suzerain, l'empereur Othon III.

Ensuite, il vint visiter son nouveau domaine de Scarpone. De la partie de la ville qui tenait à la côte de Gellamont, il fit un village. Or, à ce village il fallait un nom. Pensant à son éloignement de Verdun, l'évêque étendit la main pour le bénir, en disant : Dieu-le-wart, en d'autres termes : Dieu le garde ! D'où, par corruption, est venu le mot *Dieulouard*. « Voilà, dit Le Bonnetier, tout le mystère du nom de Dieulouard[2] ».

Heimon n'avait pas tort de confier *à la garde de Dieu*, ce domaine isolé et lointain qui n'avait pas

---

[1] Il mourut, en 1022, au couvent St-Vanne d'Arras.

[2] Le mot Dieulouard a subi, dans la suite des siècles, plus d'une altération. Voici, en quelque sorte, la filière des variantes par lesquelles ce mot a passé: Dieu-le-Wart, en 997. — Deoulwart, en 1089. — Delwart, en 1176. — Deulewart, en 1323 (charte d'Henri d'Apremont). — Dieulouart, en 1363. — Dieuleward, en 1482. — Dieulouard, aux xviiie et xixe siècles. — En latin, *Dei custodia*.

de soldats pour le protéger, et que plusieurs convoitaient avidement. En 1007, Conrad II, roi de Germanie, tenta de s'en emparer. Il envahit donc, à la tête de ses Allemands, le comté de Scarpone; il prend d'assaut la ville, la livre aux flammes et l'efface du nombre des cités d'Europe. « Cette destruction fut si horrible, que la tradition s'en est conservée des vieux aux jeunes jusqu'à nous », dit Le Bonnetier. Ceux des habitants qui avaient survécu au pillage et aux massacres allèrent se réfugier à Dieulouard ; « les uns se retirèrent dans les antres des rochers qui bordaient la colline de Gellamont, les autres se construisirent des baraquements, comme ils purent, à l'entour du château [1] ».

Telle fut la fin de cette antique cité gallo-romaine qui avait eu la gloire de résister aux cinq cent mille guerriers [2] d'Attila. Désormais, elle ne sera plus qu'un humble hameau dépendant de la communauté de Dieulouard. Elle perdra jusqu'à son nom véritable : elle s'appellera Xerpanne, Charpeigne, Charpagne.

« *Sic transit gloria mundi,* ainsi va le monde ! » conclut Le Bonnetier.

----

[1] Le Bonnetier, *Mam.,* II vol., n° 549. — Benoît Picard, *Histoire de Metz.*

[2] Grégoire de Tours, dans son *Histoire* (L. 2, ch. 7), dit que l'armée des Huns était de cinq cent mille hommes.

CHAPITRE II

HISTOIRE DE LA COLLÉGIALE SAINT-LAURENT

(De l'an 997 à l'an 1602.)

Consécration de l'église. — Diplôme confirmatif de Conrad-le-Salique. — Le personnel de la Collégiale. — Ses revenus. — Ses principaux bienfaiteurs. — Sa réunion momentanée à la Collégiale Ste-Croix de Pont-à-Mousson. — Ses malheurs. — Les Huguenots. — Sa suppression.

Commencée en 997 par Dudon, la Collégiale de Dieulouard ne fut achevée qu'en 1020. Cette même année, l'église fut consacrée solennellement par l'évêque de Toul, sous le vocable de *Saint-Laurent*, en présence d'une foule de prélats et de seigneurs ; elle prit le titre définitif de Collégiale[1].

« Mais comme cette église était sur un fond de la Collégiale de Montfaucon, il fallut faire un accord. On convint que les ecclésiastiques qui la desserviraient, regarderaient les évêques de Verdun comme leur seigneur temporel, qu'ils reconnaîtraient celui de Toul comme leur diocésain, et payeraient certaines redevances à Dudon, princier ou prévôt de Montfaucon[2]. »

Cet accord fut confirmé par Conrad II-le-Sa-

---

[1] L'abbé Clouët, *Histoire de Verdun*. I vol., p. 227-228.
[2] *Ibid.*

lique, en l'année 1028. Pour l'édification du lecteur, nous reproduisons ici quelques extraits du diplôme impérial :

« Au nom de la sainte Trinité, Conrad, par la bonté et la miséricorde divine, auguste empereur des Romains.

« Comme il est de notre devoir, nous voulons qu'il soit connu de tous que, sur la demande de notre chère épouse Giselle, auguste impératrice, et de notre fils unique, le roi Henri, et de Raimbert, vénérable évêque de l'église de Verdun, nous avons confirmé et confirmons la construction d'un monastère dédié à St Laurent, martyr, situé à Gellamont, proche du château de Dieulouard, dans le comté de Scarpone [1], qui a été bâti sous l'évêque Heimon, d'heureuse mémoire... Mais comme ce monastère est érigé sur un fond de la Collégiale de Montfaucon-d'Argonne, *Dudon, l'auteur et possesseur du monastère St-Laurent,* a demandé que les clercs qui y résideraient et y feraient l'office divin, soient soumis à l'évêque de Verdun comme à leur seigneur temporel, et à l'évêque de Toul comme à leur propre pasteur; nous avons ordonné qu'il en soit ainsi. Et afin que nos présentes confirmations soient valables, nous avons prescrit d'y mettre notre sceau. Conrad, empereur invincible des Romains. Aix-la-Chapelle, 6 mai 1028 [2]. »

On remarquera ces expressions : « Dudon, l'au-

---

[1] *Juxtà castrum quod dicitur* Deus-lou-wart, *in comitatu Scarponensi.*

[2] Benoît Picard, *Histoire de Toul.*

eur et possesseur dudit monastère St-Laurent. »
C'est donc à juste titre que Dudon est regardé
comme le fondateur de la Collégiale de Dieulouard.

Cette Collégiale comprenait, à son début, un
doyen et quatre chanoines.

Le doyen était chargé des intérêts temporels et
spirituels de la maison. A ces fonctions, il joignait
celle de curé de la paroisse de Dieulouard.

On lit dans une charte de 1325, octroyée par
l'évêque de Verdun : « Item, tous les habitants de
notre dite forteresse sont et doivent être paroissiens dudit doyen, et avec eux, tous nos officiers
de ladite ville de *Deulewart*, maire, échevins,
doyens et tous autres qui par nous sont affranchis
de leurs rentes ; ils sont et doivent être de la paroisse dudit doyen, tant et si longuement ils demeurent en leur dite franchise [1]. »

Nonobstant cette déclaration, une contestation
s'éleva, en 1329, entre les chanoines et le sieur
Albert, doyen, « sur ce que lesdits du chapitre
prétendaient que tous les nobles, franches gens,
leurs femmes, enfants, ménages, tous les clercs et
leurs femmes et enfants, étaient leurs paroissiens,
et sur ce que ledit doyen soutenait que les femmes
des clercs devaient être de sa paroisse. » Henri
d'Apremont, pris pour arbitre, « juge que les
femmes des clercs doivent être de la même paroisse que leurs maris [2]. »

[1] *Arch. dép.*, série G, n° 506.
[2] *Ibid.*

A la dignité de doyen étaient attachés certains privilèges et revenus particuliers. Le doyen avait le droit de colombier et de troupeau à part. Une charte d'Henri d'Apremont, en date de 1325, porte que, « pour éviter tous différends qui pourraient s'élever entre lui et ses gens d'une part, et les doyens et Chapitre de la ville de Deulewart d'autre part, il reconnaît que le doyen dudit Chapitre a droit de tenir troupeau à part de menues bêtes, sur le ban de Deulewart. »

Il avait une part proportionnelle dans « les quêtes et annonces des pèlerins visitant l'église[1]. »

Il avait le tiers du produit du sceau de la châtellenie. « Item, doit prendre et avoir ledit doyen, le tiers du profit du scel de notre châtellenie de Deulewart, et doit encore avoir et porter une des clefs du scel du tabellion de notre dite châtellenie, ou la faire porter par autre personne suffisante de sondit Chapitre[2]. »

Il pouvait entrer et sortir librement du château, toutes les fois que besoin en était. En outre, « s'il arrivait que ledit doyen prenne un de ses sujets, clerc ou autre, il les peut mettre en notre dit castel, et nos sergents les doivent garder en semblable manière qu'ils feraient pour nous. »

En l'année 1353, le doyen fut dispensé d'assister « aux offices et heures canoniales », moyennant

---

[1] *Arch. dép.*, Inventaire de la Collégiale St-Laurent de Dieulouard, p. 1.

[2] *Arch. dép.*, série G, n° 502.

abandon de 30 quartes de blé de mouture qu'il avait sur le moulin St-Laurent [1].

En l'année 1481, l'église St-Sébastien devient église paroissiale. Sur la demande de Jean Mengin [2], elle est unie et incorporée, avec tous ses biens, droits et revenus, à la dignité de doyen, à charge par ce dernier, de la desservir ou de la faire desservir. (Bulle du cardinal Jullien, légat du Pape.)

En l'année 1459, le pape Pie II supprime deux prébendes et établit quatre vicaires amovibles à la volonté du Chapitre [3].

Par une bulle du 19 janvier 1481, le pape Sixte IV crée une Trésorerie, à laquelle il unit la cure de Faulx, « avec tous les revenus en dépendant, à charge de la faire desservir par un vicaire amovible [4]. » Indépendamment des revenus de cette cure, le trésorier possédait 10 fauchées de prés, sises sur le ban de Dieulouard [5].

A l'origine, les chanoines pratiquaient la vie religieuse dans toute sa rigueur. Mais, vers le milieu du xiie siècle, par suite des petites guerres sans cesse renaissantes qui désolèrent la Lorraine, ils

---

[1] *Ibid*, série G, no 503.
[2] Il donne pour raison « qu'il ne pouvait vivre décemment ni soutenir les charges annexées à la dignité de chef du Chapitre, par la perte des biens y attachés, causée par les guerres, incursions et autres accidents survenus par le malheur des temps. » *Arch. dép.*, Inventaire de la Collégiale. p. 25.
[3] *Ibid*, p. 4.
[4] *Arch. dép.*, série G, no 516.
[5] Inventaire de la Collégiale. p. 5.

durent renoncer à la vie commune, qui était devenue impossible; ils se sécularisèrent. Ils eurent, au dehors, des habitations séparées; seulement ils se réunissaient dans leur église, à certaines heures, pour réciter l'office divin et célébrer les saints mystères. Les anciennes maisons des chanoines se distinguent encore aisément aujourd'hui; elles sont, pour la plupart, entre cour et jardin, avec une petite niche au-dessus de la porte d'entrée.

Les revenus de la Collégiale se composaient surtout de dîmes et de fondations.

Les chanoines percevaient le 1/3 des grosses dîmes et toutes les menues dîmes du ban de Dieulouard[1]. Cependant, ils touchaient toute la dîme de vin. En 1250, les officiers seigneuriaux veulent lever deux parts dans la dîme du vin : les chanoines en appellent à Jean d'Aix, évêque de Verdun, qui leur reconnait le droit d'exiger « toute la dîme des vignes plantées et à planter en deçà de la Moselle. » Ils possédaient aussi les 2/3 des dîmes d'Assenoncourt, Gelucourt, Kerprick, du Val-de-Faulx, de Montenoy, Bratte, Dieuze; le 1/3 des dîmes de Loupmont, Varnéville et d'une petite contrée de la Verpillière à Jezainville; « la tierce partie des grosses dîmes de Rogéville et Villers-en-Haye, sauf neuf bichets de blé que la Maison-Dieu de Toul avait le droit de prendre.

_____

[1] La grosse dîme comprenait le blé, le seigle, l'orge, l'avoine, le vin ; la menue, le chenevis, les légumes, la laine, les animaux, etc.

chaque année, sur ces dimes[1]. » Ils avaient des gagnages, plus ou moins importants, à Arnaville, Villers-le-Prud'homme, Belleville, environ cent jours de terre à Bezaumont, etc.

Ils jouissaient du droit de troupeau à part[2], conjointement avec le doyen,

A ces dimes venaient s'ajouter de nombreuses fondations faites par des seigneurs, des prélats, des religieux ou de simples bourgeois ; car en ces siècles de foi, on se faisait une gloire et un bonheur de contribuer à l'établissement ou à l'entretien des couvents, afin de s'assurer des prières pour cette vie et pour l'autre.

Au premier rang de ces pieux et généreux bienfaiteurs, se place Dudon[3], qui abandonna à la Collégiale une partie de son immense fortune.

En 1120, Godefroy, comte honoraire de Verdun, renonce, en sa faveur, « à une coutume qui lui donnait le droit d'avoir des rafraîchissements à certains jours de l'année[4]. »

En 1230, Warnier d'Apremont, voué de Dieulouard, cède, du consentement de sa femme, 5 setiers de froment et 5 muids de vin, à prendre sur la vouerie dudit lieu.

---

[1] *Arch. dép.*, Invent. de la Collég., p. 7, 8. — Le titre original de cette dernière fondation est conservé aux Archives de Dieulouard.

[2] *Droit de troupeau à part*, droit de faire paître ses bestiaux une heure avant le troupeau communal.

[3] Diplôme de Conrad-le-Salique.

[4] Charte d'Henri de Vinton, *Arch. dép.*, série G, n° 511.

En 1374, noble écuyer, Pierson d'Oriocourt, voué de Dieulouard, et Marguerite, sa femme, fondent un anniversaire pour eux, leurs enfants et amis trépassés; ils donnent une rente annuelle de 2 quartes de blé[1].

En 1396, Pierson, dit Palégues, bourgeois de Pont-à-Mousson, et sa femme, Mariette, donnent tout ce qu'ils possèdent au ban de Dieulouard, à charge de dire une messe tous les lundis de l'année, et de célébrer un service chaque mercredi des Quatre-Temps[2].

En 1477, Pierson, charpentier, et sa femme, Catherine, fondent un anniversaire et donnent six fauchées de prés[3].

En 1484, donation faite par noble dame de Pulgney, veuve de messire Jean de Ligniville, chevalier, au Chapitre, « de tous les droits, raisons et actions, que ladite dame a, peut et doit avoir, à cause de la vouerie de la terre et châtellenie de Dieulouard, et des cens qui se paient, chaque année, à la vigile de la St-Martin d'hiver[4].

En 1496, fondation de 6 francs pour une messe chaque vendredi[5].

En 1527, fondation d'un obit et de l'ancienne *Ave, Regina cœlorum*, entre prime et tierce, par

---

[1] *Arch. dép.*, Invent. de la Colllég., p. 14 et suiv.
[2] *Ibid.*
[3] *Ibid.*
[4] *Ibid.* — Chaque ménage devait au voué un cens annuel de 2 bichets d'avoine et 2 deniers. (Pied-terrier de 1630.)
[5] *Ibid.*, p. 15.

Nicolas Moitrier, vicaire de la Collégiale ; il donne 4 muids de sel et un ciboire [1].

En 1529, noble homme, Jean de Villers, prévôt de Dieulouard, fonde deux messes hautes, et cède 12 quartes de blé [2].

En 1538, Poirot Beufnon, doyen, fonde l'office et la cérémonie du lavement des pieds de douze pauvres, le jour du Jeudi-Saint, en mémoire de celui fait par Notre-Seigneur à ses Apôtres. Pour cela, il cède une maison, plusieurs fauchées de prés, une pièce de vigne [3], un jardin à la Rochotte, 9 setiers de vin de cens. Le doyen ou celui qui le remplacera aura 3 gros pour faire le lavement des pieds ; chacun des dits pauvres, 1 quarte de blé, 1 hareng, 1 pain de 3 blancs et 3 deniers ; les chanoines, ainsi que les vicaires, une part égale à celle des pauvres ; les enfants de chœur, 1 pain de 6 deniers.

Le même Poirot Beufnon fonde 4 obits avec vigile, chaque Quatre-Temps ; une messe du Saint-Sacrement chaque jeudi, à l'autel du Saint-Sacrement et de Notre-Dame de Lorette ; une messe basse de St-Christophe, tous les mercredis, en la chapelle du saint ; l'ancienne *Spes mea*, « à nottes », les 3 dimanches de la Septuagésime, de la Sexagésime, de la Quinquagésime ; une messe solennelle avec vêpres, à la fête de chacun des douze

[1] *Ibid.*
[2] *Ibid.*
[3] Sur le ban de Scarpone (vigne du prieuré).

Apôtres; un service, le plus solennel possible, en l'honneur de la Croix, le jour du grand jeudi. A cette occasion, on distribuera 5 bichets de blé, en mémoire des 5 plaies de Notre-Seigneur Jésus-Christ. Pour ce, il abandonne tout ce qu'il possède sur les bans de Rosières-en-Haye, Belleville, Dieulouard et Autreville [1].

En 1502, fondation de l'*Ave Verum*, à l'élévation de la messe canoniale, entre le *Sanctus* et le *Benedictus*, par Claude de Villers-le-Prud'homme. Il donne un pré, le 1/3 du four des seigneurs voués, les cens annuels qui sont dûs au seigneur voué, etc [2].

Tous ces donateurs appartenaient à des familles aujourd'hui éteintes. Beaucoup d'entre eux eurent la faveur enviée et recherchée d'être enterrés dans l'église St-Laurent ou dans le cloître. Au siècle dernier, on pouvait encore lire sur des pierres tombales les inscriptions suivantes :

Cy-git messire d'Orgain, qui trépassa l'an M..., il a mené une vie religieuse et sainte. Dieu ait l'âme de lui. — Cy-git dame Béatrix, son épouse, discrète personne. Priez Dieu pour elle.

Cy-git Charles Hiérosme, seigneur de Sivry, écuyer-capitaine-prévôt-gruyer et receveur en la prévôté de Dieulewart. — Cy-auprès inhumée, Marguerite Richard, son épouse, laquelle décéda le 17 septembre 1635, âgée de 61 ans, etc...

La Collégiale St-Laurent possédait donc des

[1] *Arch. dép.*, Invent. de la Collég., p. 18, 19, 20.
[2] Parmi les bienfaiteurs de la Collégiale, citons encore l'évêque Heimon (Dom Calmet, *Hist. de Lorr.*). Messire d'Orgain, Jean Mengin.

revenus considérables. Nous la voyons prêter de l'argent à l'évêque de Metz, « gêné dans ses affaires, par suite des guerres et des incursions des ennemis. »

Dans le cours du xve siècle, elle fut supprimée, mais momentanément. En effet, en 1457, le pape Callixte III, sur la demande du duc de Lorraine, la réunit à celle de Ste-Croix de Pont-à-Mousson. Mais la bonne harmonie ne régna pas longtemps dans la communauté ; et nos chanoines, qui avaient vu de fort mauvais œil leur départ forcé de Dieulouard, réintégrèrent un beau jour leur ancienne résidence, sans prévenir personne. Alors l'évêque de Verdun, Guillaume d'Haraucourt, fit saisir tous leurs biens et revenus, « faute par eux de lui avoir demandé la permission de s'absenter de leur église collégiale du Pont, lors de la mésintelligence qui était survenue entre eux et le Chapitre Ste-Croix. » Ils ne se tinrent pas pour battus ; ils portèrent leur différend à Rome et obtinrent gain de cause. Le Pape annula la bulle d'annexion et rétablit la Collégiale St-Laurent (9 oct. 1467)[1].

Celle-ci connut de bien mauvais jours pendant les guerres entre René II et Charles-le-Téméraire. L'église fut pillée et ruinée ; les bâtiments fortement endommagés et les revenus considérablement amoindris. Il fallut recourir au suprême moyen, les quêtes. Nous lisons dans la *Chronique de Lorraine*, que « René II permit, le 30 avril 1482,

---

[1] *Arch. dép., Invent. de la Colllég.*, p. 3.

au doyen et aux chanoines de S¹-Laurent, de porter processionnellement, dans toute l'étendue de ses Etats, les reliques du glorieux martyr Saint-Sébastien, pour faire des quêtes, afin de réparer les églises S¹-Laurent et S¹-Sébastien, lesquelles par les guerres du passé, fortune de feu et autrement, sont cheutes en dévolution et en ruyne. » En 1487, nouvelles lettres patentes du même René, autorisant les chanoines à recueillir des aumônes dont le produit devra être employé aux réparations des deux églises, lesquelles furent ruinées par les guerres du passé [1]. Le grand-vicaire de l'archevêque de Lyon, primat des Gaules, autorisa et recommanda lesdites quêtes.

Au siècle suivant, nouveaux désastres. Les Huguenots s'emparent de Dieulouard et y commettent les plus grandes violences; ils brûlent la Collégiale, maltraitent et chassent impitoyablement les malheureux chanoines. L'orage passé, ceux-ci s'empressent de revenir. Mais, hélas! que de ruines! Cette fois encore, ils durent s'adresser à la charité des fidèles. Nous voyons le vicaire-général de Metz qui publie un mandement portant invitation aux curés du diocèse, « de recevoir processionnellement, avec toutes les cérémonies accoutumées, les reliques de Mʳ saint Sébastien, de Dieulouard, lesquelles seront portées parmi le diocèse, pour engager les fidèles à faire des cadeaux destinés aux réparations des églises dudit Dieulouard. »

[1] Arch. dép., série G, n° 601. — Invent. de la Collég., p. 24.

Des tribulations d'un autre genre attendaient la Collégiale St-Laurent; elle fut supprimée définitivement.

Depuis longtemps déjà, les ducs de Lorraine désiraient l'érection d'un évêché à Nancy, dans leurs Etats, et faisaient à Rome démarches sur démarches, pour l'obtenir. En prévision de la création de cet évêché, le duc Charles III décida l'établissement, à Nancy, d'une Primatiale, avec un Chapitre de chanoines séculiers : ce qui lui fut octroyé par une bulle du pape Clément VIII, en date du 15 mars 1602. Il obtint, en même temps, la suppression de plusieurs établissements religieux de la Lorraine [1], la Collégiale de Dieulouard, entre autres, « dont les revenus iraient grossir ceux de la Primatiale. »

Le 11 décembre 1603, eut lieu la prise de possession, par la Primatiale, « des terres, rentes, revenus de l'ancien Chapitre de Dieulouard [2]. »

Trois ans plus tard furent vendues les maisons canoniales, « pour contribuer aux frais qu'il convenait de faire pour établir et loger dignement Messieurs les vénérables chanoines de la ville de Nancy [3]. »

Ainsi finit la Collégiale St-Laurent, après une existence de plus de six cents ans. Parmi les services qu'elle rendit, signalons celui d'avoir donné

---

[1] Les prieurés de Stenay, de Salone, de St-Nicolas-de-Port ; l'abbaye de St-Martin de Metz; le chapitre de St-Dié.
[2] Arch. dép., Invent. de la Colég., p. 7.
[3] Ibid.

l'instruction aux enfants de la paroisse. « Nous croyons, dit le savant historien de la Lorraine, A. Digot, que lesdits enfants (de Dieulouard) fréquentaient l'école St-Laurent, dès les débuts de la Collégiale, c'est-à-dire entre 997 et 1020. On sait que l'évêque Heimon était l'ami des belles lettres[1]. »

La Collégiale St-Laurent renfermait cinq chapelles[2], qui toutes avaient leur chapelain particulier :

La chapelle de Ste-Catherine, construite en 1346 par Nicolas d'Octonville, doyen. Elle possédait comme revenus, 25 jours de terre, 1 jour de vigne, 1 fauchée de prés, 1 chenevière, et avait comme charges 3 messes par semaine. D'après la teneur du testament du fondateur, le droit de patronage appartenait au Chapitre[3] ;

La chapelle de Notre-Dame des Grottes, la plus considérable de toutes, fondée en 1330 par Huyn Boissart, qui avait affecté à son entretien un riche gagnage sur le territoire de Ste-Geneviève et de Loisy ;

La chapelle de Ste-Croix, érigée le 15 février 1501, par Claude de Villers-le-Prud'homme, avait comme dotation une rente annuelle de 52 gros, et comme charge une messe par semaine (1 gros par messe!) ;

---

[1] *Histoire de Lorraine.*

[2] L'ancien diocèse de Toul comptait en tout 653 chapelles pour 1100 paroisses. (*Temporel des paroisses.*)

[3] *Arch. dep.*, Invent. de la Colég., p. 91.

La chapelle de St-Jean-Baptiste et celle de Notre-Dame de Lorette.

Les quatre premières étaient à l'intérieur de l'église; la dernière était située dans le cloître.

La Collégiale St-Laurent avait sous sa dépendance plusieurs paroisses du diocèse de Metz : Dieuze, Faulx, Assenoncourt, Bratte, Montenoy; elle nommait au vicariat perpétuel de Loupmont (diocèse de Verdun), alternativement avec l'abbé de St-Mihiel. Ce droit lui avait été accordé par Jean d'Aix, évêque élu de Verdun, en décembre 1248 [1].

------

[1] *Ibid.*, p. 335. — On ne possède pas la liste complète des doyens de la Collégiale. Voici les noms de quelques-uns que nous avons pu retrouver :

En 1329. — Sébastien Albert, connu par ses démêlés avec les chanoines de la Collégiale.
1332. — Laurent Michel.
1333. — Georges Thierry.
1346. — Nicolas d'Octonville. Il fonde la chapelle Ste-Catherine.
1350. — Jean Hennequin. Il conclut certains arrangements avec la Collégiale.
1372. — Jacques de Flirey. Il assiste à l'érection du bourg de Pont-à-Mousson en cité impériale, et signe le diplôme que Raoul de Louppy, commissaire de l'empereur, donne en cette occasion.
1390. — Jean Jolem.
1410. — Jacques de Nomeny.
1429. — Jean Collin, originaire de Greux. De son temps, Jeanne d'Arc passe à Dieulouard.
1454-1513. — Jean Mengin, le Bienfaisant. Il bâtit l'église St-Sébastien, crée un hôpital, fonde une école, etc.
1538. — Poirot Benfmon, fait quelques fondations.
1558. — Clément Benfmon.
1591. — Christophe de Flûtot, échange et vend des terrains appartenant à la cure.
1597. — Jean de Lorey.

CHAPITRE III

DIEULOUARD AUX XIᵉ, XIIᵉ ET XIIIᵉ SIÈCLES

Canalisation du Chaudrup. — Une vieille pièce de monnaie. — La chapelle et l'ermitage de Stᵉ-Marie-Madeleine. — Un ermite ingénieux. — Vingt ans de combats et de siéges. — Concile tenu en l'église Stᵉ-Laurent. — Un échange. — Henri d'Apremont. — Les armoiries de la ville de Dieulouard.

Le voyageur qui a traversé le bourg de Dieulouard a certainement remarqué le ruisseau, appelé Chaudrup, dont les eaux, claires et limpides comme du cristal, s'échappent du pied du château, et s'en vont, après un parcours de quelques cents mètres, se jeter dans la Moselle, à l'endroit où fut Scarpone. Primitivement, ces eaux jaillissaient de tous côtés, en une multitude de sources, sans grand avantage pour les habitants. En l'an 1080, l'évêque Thierry-le-Grand les réunit en un canal, et sur ce canal, il fit construire un moulin, qui rendit dans la suite les plus précieux services[1].

Son successeur, Richer, établit à Dieulouard une fabrique de monnaies. On possède[2] un denier frappé par lui, en 1089. Sur la face on lit : *Richerus, E. P. S.* (Richer évêque), avec une croix

---

[1] Dom Calmet, *Preuves de l'Histoire de Lorraine.*
[2] Collection de M. de Saulcy, de Metz.

au milieu ; au revers se trouve un château, flanqué de deux tourelles, avec le mot : *Deowart.*

Il n'était pas rare jadis de rencontrer aux portes des villages, à l'entrée des forêts, sur le penchant ou au sommet des collines, en des sites isolés et sauvages, un oratoire, une chapelle, placés sous l'invocation de la Mère de Dieu ou d'un saint vénéré : puis, tout à côté, une humble maisonnette, surmontée d'une croix, qui servait de demeure à de pauvres ermites, gardiens du sanctuaire. La foi vive et ardente des populations voyait dans ces pieux établissements un gage assuré de la protection du Ciel. Sur la fin du xi⁰ siècle, Dieulouard eut aussi son ermitage et sa chapelle, « sur la tête des hautes roches, au commencement de la montagne de Cuite [1]. »

Cette chapelle dédiée à Ste-Marie-Madeleine devint bientôt un lieu fréquenté de pèlerinage. Chaque dimanche, on y disait la messe. On y venait, quelquefois de très loin, prier devant la statue de l'illustre pénitente, amie du Sauveur. Chaque année, le troisième jour des Rogations, les chanoines de la Collégiale Ste-Croix de Pont-à-Mousson s'y rendaient en procession, en chantant les litanies des saints et les prières liturgiques accoutumées [2].

Des ermites avaient la garde de cette chapelle [3].

---

[1] Le Bonnetier.
[2] Id. — Arch. dép.
[3] « D'habitude, les ermitages se composaient d'une petite maison avec une chapelle... Le vêtement des ermites formé d'une grosse étoffe de laine noire consistait : 1° en une robe descendant

Or, pour être ermite, on n'en est pas moins ingénieux. « La légende raconte, dit Le Bonnetier, qu'un d'eux avait trouvé le moyen de pêcher et de puiser de l'eau, sans se déranger, dans le Chaudrup, qui coulait alors au pied du rocher de Cuite. Pour cela, il avait imaginé une longue bascule, assez semblable à celles dont on se sert encore dans certains villages, pour tirer de l'eau dans les puits. A l'extrémité de cette bascule, il attachait, ou bien une ligne, lorsqu'il voulait pêcher, ou bien une cruche, lorsqu'il avait besoin d'eau. »

La paroisse de Dieulouard fut érigée en doyenné dans le courant du xie siècle[1]. Ce doyenné comprenait Dieulouard, Belleville, Villers-en-Haye, Rogéville, Liverdun, Jaillon, Marbache, Rosières-en-Haye, les Saizerais, Pompey, Frouard, Manoncourt, Avrainville, Tremblecourt, Noviant, Domèvre, Manonville, Ansauville, Bernécourt, Grosrouvre, Martincourt et Minorville.

En 1107, un traité est passé entre Pibon, de Toul, Adalbéron, de Metz, Richard de Grandpré, de Verdun, et Henri II, empereur d'Allemagne, par lequel la possession du château de Dieulouard est garantie à l'évêque de Verdun et à ses successeurs[2].

jusqu'aux talons, serrée d'une ceinture de cuir noir, supportant un chapelet en bois ; 2° en un capuce carré fait en pointe, auquel était attaché un scapulaire descendant par devant et par derrière un peu moins bas que la robe ; 3° en un manteau descendant jusqu'aux genoux... » *Mémoires d'Archéologie lorraine*, t. XIII, p. 419.

[1] Le Bonnetier. — *Arch. dép.*
[2] *Histoire de Toul.*

On sait que, pendant le xiie siècle, la guerre sévit dans toute la Lorraine, à l'état de fléau chronique, entre les évêques de Verdun, de Metz, de Toul, les ducs de Lorraine et les comtes de Bar. Il ne faut donc pas s'étonner si, durant cette période, l'histoire de Dieulouard n'est à peu près remplie que du bruit de combats et de sièges.

En 1113, sous l'épiscopat de Richard de Grandpré, la guerre éclate entre Metz et Verdun. L'animosité était telle entre les belligérants, « qu'on arrêtait, emprisonnait et souvent qu'on mettait à mort, tous ceux qu'on rencontrait, appartenant au parti adverse. » Or, un jour, les gens de Dieulouard surprennent un bourgeois messin qui faisait le commerce ; ils le dépouillent de ses marchandises et le jettent en prison. A cette nouvelle, les Messins accourent, assiègent le château, s'en emparent, y mettent le feu et le rasent, de telle sorte que Dieulouard « demeura comme ville champestre [1] ».

Richard rebâtit son château, mais avant même qu'il soit achevé, les Messins reviennent l'assiéger (1115), et lui font subir le même sort que deux ans auparavant [2].

Pour la seconde fois, Richard le fait reconstruire. Puis, il réunit en Assemblée des grands jours ses vassaux, barons et seigneurs, et, en leur

---

[1] Dom Calmet, *Hist. de Lor.*, t. 1, p. 224.

[2] *Histoire de Luxembourg* dans Benoit Picard (*Hist. de Toul*, p. 65).

présence, il déclare traître et félon, Renaud de Bar, lui enlève son titre de voué [1] de l'église de Verdun, pour le punir de n'avoir pas secouru le château de Dieulouard, ainsi que sa qualité l'y obligeait [2].

Renaud, pour venger cet affront, descend de son castel de Mousson, à la tête d'une armée, et prend Dieulouard, où il exerce les plus grands ravages ; les maisons sont brûlées, les vignes arrachées, les arbres fruitiers coupés, les récoltes détruites, et les malheureux habitants obligés de chercher un refuge dans la profondeur des forêts. Ainsi se vérifie, une fois de plus, la parole de notre fabuliste :

> Hélas ! on voit que de tout temps
> Les petits ont pâti des sottises des grands.

Quelques années plus tard (1122), nouveaux malheurs. Les Messins qui prétendaient avoir encore à se plaindre des insultes des gens de Dieulouard, reviennent, pour la troisième fois, assiéger cette ville et la réduisent en cendres [3].

En 1140, un concile provincial fut tenu dans

---

[1] Les voués ou avoués, au temps féodal, étaient des seigneurs séculiers qui prenaient soin de la défense des églises et des monastères. Les personnes les plus qualifiées se faisaient un honneur de ce titre de voué. Ainsi l'histoire nous apprend que Godefroy de Bouillon n'avait voulu prendre, pendant la première croisade, que la simple qualité d'Avoué et Défenseur du Saint-Sépulcre. Dans la suite, les voués abusèrent du pouvoir que leurs places leur donnaient et devinrent un véritable fléau pour les églises et les couvents dont ils usurpaient les biens et les revenus.

[2] Dom Calmet. *His. de Lor.*, t. 1, p. 224.

[3] *Histoire de Metz*, t. 6, p. 662.

l'église St-Laurent de Dieulouard, dans le but de mettre à la raison Théodoric d'Imbercourt, châtelain de Bar, ennemi juré des clercs et grand usurpateur des biens ecclésiastiques. Étaient présents : le cardinal Mathieu, évêque d'Albane, légat du Saint-Siège ; Albéron, archevêque de Trèves [1]; Henri de Lorraine, 44e évêque de Toul ; Albéron de Chiny, 46e évêque de Verdun ; Étienne de Bar, 55e évêque de Metz, et un grand nombre de prélats, de seigneurs de la province. « Albéron se jeta aux pieds du châtelain, le suppliant de remédier aux maux de son église et de son peuple, en considération de ces hommes illustres qui étaient venus exprès lui demander cette grâce [2]. » Théodoric fit amende honorable, promit avec serment de restituer tous les biens ecclésiastiques qu'il avait usurpés et reçut l'absolution des censures qu'il avait encourues. « Mais rentré sur ses terres, sa femme lui fit tant de honte de sa prétendue faiblesse [3] », qu'il oublia ses serments et recommença ses violences et ses usurpations.

Dans un acte d'échange passé en l'année 1176 entre l'évêque Arnould de Chiny et le Chapitre de Montfaucon-d'Argonne, nous trouvons le nom de Dieulouard. Citons quelques passages de ce contrat :

« Au nom de la sainte et indivisible Trinité, moi Arnould, par la grâce de Dieu évêque de

---

[1] Ancien archidiacre de Toul.
[2] L'Abbé Guillaume, *Histoire du Diocèse de Toul*, t. 1, p. 435.
[3] *Id.*

Verdun, à tous présents et à venir et à toujours. A l'imitation de nos prédécesseurs, qui ont eu soin de marquer par écrit les choses dignes de mémoire, nous faisons savoir que... nous avons cédé aux dits frères (de Montfaucon), pour être possédées par eux à perpétuité, trois églises, à savoir : Fromeréville, Bétclainville et Monthairons, avec tout le revenu de la cure, et en outre le droit d'affermer les terres de ces églises, comme propriétaires fonciers... Les frères de Montfaucon, de leur côté, comme juste compensation de notre donation, nous ont cédé, par libre échange, à nous et à nos successeurs, *Delivart*, avec toutes ses dépendances [1] »... Fait l'an de l'Incarnation du Seigneur M.C.LXXVI.

En 1238, Raoul de Torote, évêque de Verdun, engage, du consentement de son Chapitre, la châtellenie de Dieulouard et toutes ses dépendances à Eudes de Sorcy, évêque de Toul, pour 200 livres Provins, dont il avait besoin pour les affaires de son église [2].

Environ un siècle plus tard (1318), le comte de Bar vient assiéger le château de Dieulouard et le ruine [3].

L'évêque Henri d'Apremont le fit reconstruire avec tours casematées, fossés, terrasses, pont-levis,

---

[1] Ces droits cédés par la Collégiale de Montfaucon à Arnould de Chiny consistaient dans une certaine portion de dîmes qu'on ne saurait évaluer. — L'abbé Pognon, *Histoire de Montfaucon*, p. 211.

[2] *Histoire de Toul.*

[3] Dom Calmet, *Not. de Lor.*, art. Dieul.

afin de le mettre à l'avenir à l'abri d'un coup de main [1].

Ce prince généreux ne s'occupa pas seulement de relever les murs de la ville, il travailla aussi à améliorer la condition des habitants. Ce fut lui probablement qui les dota d'une charte d'affranchissement.

C'est sans doute aussi à cette époque qu'il faut fixer l'origine des armoiries de la ville de Dieulouard, comme de beaucoup d'autres villes affranchies par leurs seigneurs aux XIIIe et XIVe siècles [2]. Dieulouard portait « de gueules, à la crosse épiscopale d'or, mise en pal, accostée de deux épées d'argent posées de même et la pointe en bas [3]. »

Ville de Dieulouard.

[1] Henri Lepage, le *Dép. de la Meurthe*, art. Dieul.

[2] « C'est à l'époque où les villes ont été affranchies qu'il faut fixer l'origine des Armoiries. » *Mémoires d'Arch. Lor.*, t. XIIIe.

[3] C. Lapaix, *Armorial des villes, bourgs et villages de la Lorraine, du Barrois et des Trois Evêchés*.

CHAPITRE IV

CHARTE D'AFFRANCHISSEMENT DE DIEULOUARD

(Vers 1320.)

_____

La servitude au Moyen-Age. — Mouvement en faveur de l'affranchissement des communes dans l'évêché de Verdun. — Charte d'affranchissement de Dieulouard. — Droits du seigneur : corvées, redevances, etc. — Privilèges des bourgeois. — Conclusion.

Chez les Francs, à l'origine, tous étaient libres. Mais, peu à peu, par suite des usurpations et des violences des seigneurs, les populations étaient tombées dans une sorte de servitude et d'esclavage. De tout temps, l'Eglise avait réclamé contre cet état de choses, par la voix de ses docteurs, de ses conciles, de ses souverains pontifes : « Tous les chrétiens doivent être exempts de la servitude », disait, en 1167, le pape Alexandre III, résumant ainsi la tradition. Ce ne fut pourtant qu'à la fin du xiiᵉ siècle que commença l'affranchissement des communes, et cela, grâce à l'initiative d'un prince de l'Eglise.

En 1182, Guillaume de Champagne, archevêque de Reims, bâtit une ville qu'il appela Beaumont, et pour la rendre plus florissante en y attirant une population nombreuse, il imagina de lui accorder une loi de franchise, si connue depuis sous le nom de _loi de Beaumont._

Un siècle ne s'était pas écoulé que déjà plus de deux cents villes et villages avaient bénéficié de cette *loi-modèle*.

Les évêques de Verdun ne furent pas les derniers à en faire profiter leurs peuples. « L'évêché de Verdun, dit M. Bonvalot [1], est la terre classique de la loi de Beaumont, les affranchissements s'y succèdent sans interruption, du commencement du xiii° siècle jusqu'à la fin du xv°. » Parmi ces évêques se signala Henri d'Apremont, « moins avide de popularité que ses prédécesseurs, mais plus généreux qu'eux ». « Henri d'Apremont, dit encore l'auteur précité, donna à l'abolition de la servitude tant d'extension, qu'il rapproche le moment ou la loi de Beaumont sera le droit commun de l'évêché de Verdun ». C'est à lui très probablement que Dieulouard est redevable de sa charte d'affranchissement [2].

On possède aux Archives de la commune plusieurs copies de cette charte. La plus ancienne est du commencement du xv° siècle [3] ; elle se compose de trois bandes de parchemin, larges de 20 centimètres, cousues l'une au bout de l'autre, et formant une longueur totale de 1m,50. Malheureusement le haut est presque déchiré, et, en diverses places, il y a beaucoup de mots illisibles.

---

[1] Dans son magistral ouvrage : *Le tiers État*, etc.

[2] C'était l'opinion de Henri Lepage (renseignements donnés verbalement).

[3] « Le style est du xiv° siècle et l'écriture du xv° ». Henri Lepage.

Une autre copie, beaucoup plus moderne et complète, se trouve dans un pied-terrier de 1630. Elle a été soigneusement revisée sur les pièces authentiques, ainsi qu'en témoignent les lignes suivantes : « Les articles et déclarations rapportés au présent chapitre de Dieulouard ont été tirés et relevés par nous Nicolas Boucher, écuyer-conseiller de Monseigneur sur plusieurs anciens titres et cartulaires, extraits de l'Arche et Trésor de l'évêché de Verdun, mêmement sur les mémoires que les mayeurs et gens de justice dudit Dieulouard ont fourni ; pour la vérification desquels articles, plusieurs conférences ont été tenues en divers voyages faits à cet effet avec lesdits mayeurs, gens de justice et autres notables habitants du lieu... le tout exactement revu et bien considéré, le 6 octobre 1630 ».

Cette charte renferme quarante-deux articles, dont quelques-uns fort curieux. Comme il serait trop long de les reproduire en entier, nous nous bornerons à en faire connaitre l'esprit général et les points les plus saillants. On y chercherait en vain cette classification méthodique qui répand tant de clarté dans nos codes modernes ; les dispositions civiles, pénales, administratives, sont confondues les unes avec les autres. Afin d'en faciliter l'intelligence au lecteur, nous les coordonnerons.

Parlons d'abord des droits du seigneur, des redevances qui lui étaient dues, des corvées auxquelles les bourgeois étaient obligés pour son service.

Tout ménage ou conduit doit à Monseigneur de Verdun deux gros [1] à la St-Remy (Art. 1), un gros à Pâques communiant (Art. 5) et une geline (Art. 1). Les femmes veuves ne doivent qu'un gros et six deniers [2].

Il est dû pour chaque cheval et chaque vache trois deniers messins, pour les veaux et poulains un denier, pour les autres menues bêtes, telles que brebis, porcs, chèvres, un demi-denier (Art. 2).

Il est dû pour chaque charrue six quartes [3], moitié blé, moitié avoine (Art. 13).

« Tous ceux qui font labourage doivent, chaque année, quatre fois leur charrue en la corvée du seigneur, trois fois pour les blés et une fois pour l'avoine. Le seigneur est obligé de nourrir les hommes et bêtes qui vont à la corvée (Art, 7). » Ils sont tenus aussi de charroyer les denrées du seigneur, blé, avoine, foin, « quand ils sont commandés par le doyen de la mairerie ».

Tout bourgeois possédant une maison et un jardin doit une redevance de un denier à la St-Martin (Art. 10).

Monseigneur et Messieurs les Doyen et Chanoines de l'église St-Laurent ont seuls le droit

---

[1] Le gros valait environ 0,08 cent. de notre monnaie. (*Tables de M. de Riocourt*).

[2] Le denier valait environ 0,05 cent. (*Ibid.*)

[3] La quarte valait environ 0,85 litres, le bichet en était le quart, soit 21 lit 50 cent. (*Ibid.*)

d'avoir un moulin et un four [1]. C'est à eux qu'il faut s'adresser pour moudre son blé et cuire son pain (Art. 11). Le droit prélevé n'est pas indiqué.

Les susdits ont aussi le droit de colombier et de troupeau à part ; « mais leur troupeau ne doit faire, allant, venant et rentrant en ville, aucun ennui à la herde (troupeau) communale (Art. 11).

L'article 13 établit un droit de péage pour le passage des flottes. « Tous ceux qui passent par la rivière de Dieulouard, quand ils arriveront en face du ponthon, doivent appeler le sergent ou le ponthonnier pour payer leur redevance ; s'ils ne les trouvent, ils doivent mettre l'argent dessous une pierre, au bord de l'eau, près du ponthon, sous peine d'une amende de soixante sols... Quand le sergent les trouve (les flotteurs), s'ils disent qu'ils ont mis quelque chose sous la pierre, on va voir, et si on retire l'argent, ils sont quitte ; autrement ils sont à l'amende... Les flotteurs qui passent par la rivière de Dieulouard doivent faire obéissance à Monseigneur ; ils doivent arrêter et mettre à la rive leurs flottes, pendant 24 heures, et doivent venir à la porte du chàstel lui annoncer les denrées qu'ils amènent, pour savoir s'il en a besoin. Tout

---

[1] Le moulin de l'évêque de Verdun et celui de la Collégiale se trouvaient sur le Chaudrup. Les deux fours banaux étaient situés, l'un sur la place de la Halle, l'autre dans la rue St-Laurent. — Une chose étonne, c'est que la charte ne parle pas des pressoirs. Et pourtant à cette époque Dieulouard possédait un riche vignoble.

habitant de la prévôsté [1] peut les marchander, et s'il ne peut s'accorder sur le prix, il peut prendre merrains et planches, sauf à les payer ce qu'ils seront vendus en bas pays (Art. 14) ». C'était là une clause très avantageuse pour la prévôté.

Les bourgeois doivent pourvoir à l'entretien du ponton sur la Moselle (Art. 23). Ils doivent fournir et entretenir deux gardes pour la sureté du château. En cas de guerre, tous sont tenus de prendre les armes ; et s'ils ne remplissent pas bien leur devoir, justice sommaire en est faite, ils sont jetés par dessus les remparts dans les fossés. « Si effroy vient devant le châstel, ils doivent monter sur les murailles pour aider à défendre la place... et en cas qu'ils ne feraient pas leur devoir et qu'on y verrait le deffaut, on les prendrait par les pieds et par les mains, et on les ruerait par dessus les murailles à la vallée (Art. 27). »

Les amendes auxquelles les bourgeois étaient condamnés se divisaient en deux parts ; la première revenait au seigneur, la seconde était partagée entre les officiers de justice.

A ces charges, qui n'avaient rien de bien exorbitant, correspondaient des droits fort étendus.

L'article 20 règle les conditions pour acquérir le droit de bourgeoisie : les personnes venant des terres d'église l'obtiennent par le fait même qu'ils élisent domicile à Dieulouard ; les autres l'acquièrent par un domicile d'un an et d'un jour.

---

[1] On ignore à quelle époque a été établie la Prévôté de Dieulouard.

L'article 26 porte que les bourgeois, une fois leurs redevances acquittées, sont libres. « Les bonnes gens de la terre de Dieulouard sont *franches gens, quand ils ont payé à Monseigneur leurs devoitures, et ne doivent rien autre chose, si tort on ne veut leur faire...* »

Leurs enfants peuvent devenir clercs et prêtres « sans parler au seigneur et sans nul danger », à une condition toutefois, c'est que ces enfants auront passé *sept ans à l'école et sauront bien lire, écrire et chanter.* « Ils doivent tenir leurs enfants qu'ils veullent avoir tonsure, sept ans l'un après l'autre à l'école, jusqu'à ce qu'ils sachent bien lire, écrire et chanter haut et bas, et au cas qu'ils ne soient à ce suffisant, ne doivent point ces enfants être francs ni avoir la franchise [1] ».

L'article 30 autorise le formariage [2]; ce qui était alors un privilège envié. « Les bonnes gens de la mairérie de Dieulouard et de la prévôté se peuvent marier où ils treuvent bon, et principalement au marquisat du Pont, de Pierrefort, de l'Avantgarde et de toutes autres terres de franc lieu... et suivent tous les enfants leur père ».

L'article 31 n'est pas moins remarquable; il accorde aux bourgeois le droit de pêcher au Chaudrup et dans la Moselle, en la façon qu'ils voudront, « sauf au harnais dormant et à voie liante »...

---

[1] C'est presque l'instruction obligatoire dont sont si fiers nos modernes législateurs !

[2] *Formariage,* autorisation accordée par un seigneur de contracter mariage avec une personne d'une autre seigneurie.

« Ils peuvent pêcher en la rivière de Dieulouard au xépot (?), au marche-pied (?), à la ligne, à la trouble, à la touppée (?), à la main, au bouchon et à la lumière (?)... peuvent pêcher au Chaudrup de la même manière. »

Les articles 18 et 34 reconnaissent aux bourgeois la faculté de disposer à leur guise des forêts communales : « Les bonnes gens de Dieulouard ont leurs bois et aisances au ban de Dieulouard, comme il se contient *d'ancienneté et du vieux temps*, bien essartés et embornés, à l'encontre des bois de Monseigneur, et peuvent lesdits habitants en faire leur profit, en quelque manière qu'il leur plaira, vendre et dissiper, sans parler ni au seigneur ni à ses officiers ».

C'est à la communauté que revient l'élection des gardes champêtres (Art. 36, 37), de l'admodiateur, des dimeurs, de concert avec Monseigneur et Messieurs du Chapitre (Art. 38); elle perçoit le droit de péage du ponton (Art. 23).

La charte est presque muette en ce qui concerne la justice, la répression des délits et des crimes. Il est question pourtant des plaids annaux, qui doivent se tenir deux fois l'an (Art. 25), et du mode de recouvrement des créances (Art. 15, 16). « Le sergent, s'il en est requis par les créditeurs, doit faire au débiteur, selon la coutume, trois commandements, à un jour d'intervalle chacun; après quoi le débiteur est mis en prison au châstel jusqu'à ce que les créditeurs soient contents et satisfaits... Si le débiteur veut être à la taverne et qu'il ait puissance de le faire, on l'y doit mettre...

S'il n'a puissance de le faire, il doit être au châstel, au pain et à l'eau de Monseigneur ».

En cas de déni de justice de la part des officiers du seigneur, les bourgeois peuvent faire entre-cours [1] à Amance, etc. (Art. 40, 43) : « Les gens de la mairerie de Dieulouard, si Monseigneur et ses officiers leur faisaient grief ou tort, peuvent faire entre-cours à Amance, à Nomeny, à Condé (Custines) ».

Telle est la législation qui régit, à quelques exceptions près, le bourg de Dieulouard, depuis le XIVe siècle jusqu'à la Révolution.

Assurément tout n'y était pas irréprochable; quelques articles se ressentaient trop de l'époque où ils avaient été conçus; mais, en somme, elle n'avait rien de bien onéreux, et même, sur plus d'un point, elle pourrait être un objet d'envie pour beaucoup de nos contemporains.

Il est de mode aujourd'hui, dans un certain milieu, de dénigrer toutes les institutions du Moyen-Age, et de représenter cette époque comme un temps de ténèbres et de barbarie. « Voyez, dit-on, ces vieux donjons féodaux. Autrefois, derrière leurs sombres murailles, régnaient, en maîtres absolus, l'ignorance et le fanatisme. D'un côté, des seigneurs impitoyables qui s'engraissaient des sueurs de leurs sujets : de l'autre, de pauvres serfs qui croupissaient dans une honteuse ignorance et

---

[1] *Entre-cours*, permission donnée par un seigneur d'aller habiter dans une autre seigneurie (Dom Calmet).

dans l'esclavage. L'Eglise, ajoute-t-on, n'est pas à l'abri de tout reproche ; elle autorisait par son silence cet état de choses, afin d'asseoir plus sûrement sa domination. Si elle a accordé et encouragé l'affranchissement des communes, ce n'a été qu'à contre-cœur et comme malgré elle. » Or, chaque jour, l'histoire mieux informée vient donner un éclatant démenti à ces accusations et montrer que le Moyen-Age n'est pas ce temps de misère et de barbarie qu'on veut bien dire. Ce que nous avons rapporté de Dieulouard en est une nouvelle preuve. On parle de la dime et de la corvée d'autrefois. Certes nous sommes loin de prétendre que tout était pour le mieux dans ces institutions et qu'il ne s'y était pas glissé à la longue de graves abus. Mais la corvée n'existe-t-elle plus aujourd'hui ? Ne paie-t-on plus la dime de nos jours, et sous mille formes différentes ? Des cultivateurs assurent même qu'ils la paient trois et quatre fois. Où donc est le progrès ?

CHAPITRE V

DIEULOUARD AUX XIVᵉ, XVᵉ ET XVIᵉ SIÈCLES

——— ——

Passage de Jeanne d'Arc à Dieulouard. — Jean de Dieulouard. — Berthold Krantz, surnommé la Grande-Barbe. — René II et Charles-le-Téméraire. — Le curé Jean Mengin, insigne bienfaiteur de la paroisse. — Ses principales œuvres : reconstruction de l'église St-Sébastien, création d'un hôpital, fondation d'une école, établissement des confréries de Notre-Dame des Grottes et de St-Sébastien. — Sa mort — Son testament. — Le bon duc Antoine et les Rustauds. — Annexion à la France. — Nicolas Psaulme. — Les Huguenots. — L'évêque Erric fait restaurer le château.

Depuis la charte d'affranchissement jusqu'aux premières années du xvᵉ siècle, à peine avons-nous à glaner quelques faits isolés et d'une importance secondaire.

En 1329, les bourgeois de Toul battent aux environs de Dieulouard les nobles qui avaient mis en doute leur courage [1].

En 1344, une peste affreuse, venant d'Asie, fait d'horribles ravages dans tout le pays, et n'épargne pas Dieulouard.

En 1411, Jean de Sarrebrück, évêque de Verdun, « à court d'argent, » engage au duc de Bar le château et la châtellenie de Dieulouard, avec tous leurs revenus, et ordonne à tous ses su-

———

[1] Benoit Picard, *Histoire de Toul*, p. 475-476.

jets, dépendants de cette seigneurie, « de rendre services et obéissance au duc et de lui prêter serment comme à leur seigneur[1]. »

Les ducs de Bar engagèrent, à leur tour, plusieurs fois cette terre; on voit dans tous les titres d'engagements que ceux, en faveur de qui ils étaient faits, devaient trois semaines de garde au château de Mousson[2].

Au commencement de l'année 1429, Dieulouard vit passer dans ses murs l'héroïque vierge de Domremy, la future libératrice de la France, qui se rendait à Nancy auprès du duc Charles II. D'après une antique tradition locale, Jeanne suivit la voie romaine de Toul à Dieulouard, et s'arrêta quelques jours dans ce bourg, afin de prier devant la statue vénérée de Notre-Dame des Grottes, à qui la croyance populaire attribue le privilège de préserver de la mort subite sur les champs de bataille. Elle s'empressa aussi de visiter la chapelle de Ste Catherine, une de ses saintes préférées. « Qui sait si là, Jeanne n'entendit pas la voix de la vierge martyre, comme à Domremy, Maxey, Fierbois? En tous cas, devant l'autel de Ste Catherine, elle adressa assurément de ferventes prières pour le salut de la France[3]. »

Le curé de la paroisse, Jean Collin, qui était originaire de Greux, près de Domremy, et qui,

[1] Roussel, *Histoire de Verdun.*
[2] Henri Lepage, *Le départ. de la Meurthe,* art. Dieul.
[3] *Semaine religieuse de la Lorraine,* an. 1891.

sans doute, connaissait Jeanne, lui fit l'accueil le plus cordial et le plus empressé et lui donna la plus généreuse hospitalité; il la défraya de tout, elle et son oncle, le bon Durand Laxart, puis, au moment du départ, il vida sa bourse dans la sienne, afin de lui faciliter le voyage de France. En reconnaissance de ce dévouement de leur pasteur, les habitants de Dieulouard établirent une fondation à perpétuité, en sa faveur et en faveur de ses successeurs. « C'est pourquoi, ladite communauté de la ville de Dieuleward a donné, cédé, quitté et transporté à toujours mais, les bois et terres arables de M⁐ S¹-Sébastien, pour en jouir par ledit Messire Jehan Collin, prêbstre et curédoyen de Dieulewart, à perpétuité... Fait sous le scel de la prévosté de Dieulewart, le dix-neuvième jour du mois de février, l'an de grâce mille quatre cent vingt-neuf [1]. »

Il y avait alors à Dieulouard, une très ancienne maison de nom et d'armes, d'origine lorraine, dont le chef signait : Jehan de Dieuleward. Mis en présence de la vierge de Domremy, ce Jean se déclara hautement pour elle, reconnut sa mission providentielle, s'offrit spontanément pour être son champion, l'accompagna à Nancy, puis à S¹-Nicolas-de-Port et à Vaucouleurs. Il est dit, en effet, dans le procès de réhabilitation de Jeanne d'Arc, « que le

[1] *Arch. dép.*, série G, n⁰ 504. — Ces détails sur le passage de Jeanne d'Arc à Dieulouard sont empruntés à un article paru dans le journal l'*Espérance de Nancy* (juillet 1890), sous la signature X... de Dieulouard.

vicaire Jean Collin et *Jean de Dieulouard...* furent de ceux qui encouragèrent Jeanne d'Arc à accomplir les desseins de Dieu. » Plus tard, ce Jean de Dieulouard quitta la cotte de mailles pour revêtir la bure à l'abbaye de S¹ᵉ-Marie-aux-Bois, près de Pont-à-Mousson; il devint abbé de ce célèbre monastère. Les annales des Prémontrés en parlent ainsi :

XXXᵉ abbas,
Joannes de Dieulewart.
post septennium abdicavit abbatiam, 1479.

XXXᵉ abbé, Jean de Dieulouard[1]. Il se démit de sa charge au bout de sept ans.

Dans la suite, il fut nommé prieur du couvent de Phlin, où il mourut, en 1485, à un âge très avancé[2].

Vers le même temps, naquit à Dieulouard[3], Berthold Krantz, surnommé la grande barbe, vrai type du condottière du Moyen-Age, hardi, entreprenant, fécond en ruses de guerre de toutes

----

[1] On rencontre fréquemment dans les *Archives de Lorraine,* des personnages portant le nom de Dieulouard, soit parce qu'ils étaient originaires de cette ville, soit parce qu'ils y demeuraient. Nous citerons seulement : Richard de Dieuleward, en 1082; Vidrie de Dieuleward, en 1097; Raulin de Dieulouard, en 1339; Jehan de Dieulewart, en 1429; Jean de Dieulouart, en 1552. Un de Dieulouard est enterré dans l'église St-Etienne de St-Mihiel. Sur son tombeau, on lit ce cri de famille : « Dieu-le-wart pour le ciel ! »

[2] *Arch. dép.*, série H, n° 1147.

[3] A. Digot, trompé sans doute par la tournure allemande du nom de Krantz, le fait naître dans la Lorraine allemande; mais nous pensons, avec Henri Lepage et presque tous les chroniqueurs, qu'il vit le jour à Dieulouard.

sortes, fameux pour ses grands coups d'épée et surtout par son audacieuse tentative contre la ville de Metz, pour le compte de Nicolas d'Anjou, duc de Lorraine.

Déguisé en marchand et accompagné de cinq ou six hommes déterminés, il parvint à introduire, par la porte Serpenoise, plusieurs charrettes de tonneaux remplis de soldats. Ceux-ci avaient pour mission de s'emparer de la porte et de l'ouvrir à l'armée lorraine, qui se tenait à quelque distance. Mais l'entreprise échoua, grâce au courage du boulanger Harelle. Krantz, après s'être battu comme un lion, à bout de forces, criblé de blessures, fut pris par les Messins, qui le massacrèrent sur le champ [1].

Les *Archives départementales* [2] nous révèlent l'existence à Dieulouard, pendant le xve siècle, d'un « moulin à papier ou papeterie, » sis sur le Chaudrup, au-dessus du moulin de Monseigneur l'Évêque de Verdun. On y lit, en effet, que le 15 octobre 1480, les manants et communauté de la ville de Dieulouard ascensèrent à Alexandre de Nouviant, clerc juré de Pont-à-Mousson, « une pièce de pré fourrière, sise au long de la Tanche du Chaud-Rupt, depuis le moulin du seigneur, en tirant vers la *papeterie...* »; et que, le 1er juin 1483, Jean Guillemey et Mengin Brocard, de

---

[1] Pour de plus amples détails sur ce curieux fait d'armes, voir A. Digot, *Hist. de Lorr.*

[2] Série G, n° 503.

Dieulouard, vendirent à Jean Mengin, doyen de la Collégiale, « une fourrière derrière le *moulin à papier*, entre le Chaud-Rupt d'une part et le chemin d'autre. »

Pendant les guerres entre René II et Charles-le-Téméraire, Dieulouard eut à subir plusieurs sièges. Le 26 octobre 1475, Charles est devant Pont-à-Mousson, qui lui ouvre ses portes à la première sommation. De là, il se dirige sur Nancy. En passant, il reçoit la soumission du château de Dieulouard, après un simulacre de siége, et y laisse une garnison [1]. Quelques mois après, René II en chasse les Bourguignons et y met une garnison lorraine. L'année suivante, au mois d'octobre, le Téméraire envahit de nouveau la Lorraine et s'avance jusqu'à Dieulouard, dont il s'empare presque sans coup férir ; quelques boulets [2] lancés contre la forteresse suffisent pour la décider à se rendre. René II occupait à ce moment le village d'Autreville, situé sur la rive droite de la Moselle, un peu en amont de Dieulouard. Deux jours entiers, les armées lorraine et bourguignonne se canonnèrent, d'ailleurs sans grand dommage. Mais le duc René, ayant décampé dans la nuit du 18, pour se réfugier à Pont-à-Mousson, Charles se mit à sa poursuite, franchit la Moselle, en coupant les ponts derrière lui [3].

---

[1] A. Digot, *Histoire de Lorraine*, 3e vol., p. 259.

[2] Plusieurs de ces boulets en pierre se voient encore dans les murailles du château, façade du midi.

[3] A. Digot, *Hist. de Lor.*, 3e v., p. 310.

En 1483, le 6 février, René II, craignant de voir son compétiteur, le duc de Calabre, s'emparer de Dieulouard et y introduire les Français, en démolit les fortifications[1] ; mais les évêques de Verdun, au bout de quelques années, les firent relever, comme l'atteste une charte de Guillaume d'Haraucourt, enjoignant à son prévôt, Claude de Villers-le-Prud'homme, « de vaquer à la réparation de notre place et maison-forte de Diculewart[2] ».

A cette époque troublée et tourmentée, parut un homme qui fit à la paroisse de Dieulouard un bien immense : il s'appelait Jean Mengin.

Il naquit à Chavigny[3], près de Nancy, vers 1430, de parents aisés et foncièrement chrétiens, qui ne négligèrent rien pour lui procurer une éducation soignée. Ses heureuses dispositions, son esprit ouvert, sa vive intelligence, le firent bien vite remarquer. Nous le trouvons, à peine âgé de vingt ans, chanoine de la Collégiale St-Laurent, et, peu après, doyen et curé du lieu.

Homme actif et entreprenant, il accomplit des œuvres considérables.

Avant lui, l'église St-Laurent servait d'église paroissiale. Il sollicita et obtint du pape l'érection de la *chapelle castrale St-Sébastien* en église paroissiale ; il en prit possession le 10 août 1481[4]. Mais cette chapelle était dans le plus triste état,

---

[1] *Chronique messine de Jean Aubrin, 1483.*
[2] *Arch. Dép.*, série G.
[3] *Ibid.* — Dufourny.
[4] *Arch. Dép., Invent. de la Collég.*, p. 25.

« cheute en dévolution et ruyne, par les guerres
du passé, fortune de feu et autrement ». Elle était,
du reste, beaucoup trop petite pour la population
qui s'était considérablement augmentée depuis un
siècle. Jean Mengin résolut de « l'agrandir et de
l'édifier tout de neuf [1] ». Mais où trouver les ressources nécessaires? Il ne pouvait guère compter
sur le concours de ses ouailles, peu favorisées des
biens de la fortune. Il se fera donc quêteur. Il
s'adjoint un vicaire, puis muni d'une autorisation
en bonne et due forme de René II, il prend avec lui
« les reliques du glorieux martyr Monseigneur
St-Sébastien [2] », et va tendre la main pour sa pauvre église.

Avec le produit de ses quêtes, il put mener à
bonne fin son entreprise. Il fit raser la chapelle
castrale, et la reconstruisit sur de plus vastes proportions, dans le style ogival, avec trois nefs magnifiques, à peu près telle que nous la voyons
aujourd'hui. Non seulement il la rebâtit, mais il
l'embellit. Le buffet d'orgues actuel est de lui.

---

[1] *Arch. Dép.*, Testament de Jean Mengin.
[2] Une partie des reliques du glorieux martyr Monseigneur
St-Sébastien que Jean Mengin portait dans ses quêtes se trouve
actuellement dans l'église St-Sébastien, de Nancy. En effet, dans un
Mémoire, écrit en 1619 par un chanoine de la Primatiale, et im-
primé dans la *Notice de Lorraine* de Dom Calmet, nous lisons ce
qui suit : « On sait que l'église St-Sébastien de Nancy fut bâtie
provisoirement pour servir de Primatiale ; elle conserva cette
destination pendant quelques années. Dans cette église furent ap-
portées, en 1602, de la Collégiale St-Laurent de Dieulouard, alors
supprimée et réunie à la Primatiale de Nancy, la partie des reliques
de St Sébastien mises dans un bras d'argent... »

En même temps, il donne une maison pour loger le curé. « Je donne, octroye et assigne à mes successeurs, qui seront pour le temps doyen en la dite église St-Laurent et curé dudit Dieulouard, pour leur résidence et pour en avoir leurs profits et émoluments, leur vie durant, la maison où je demeure à présent, située au lieu dit sur la roche, avec toutes les maisonnettes, usuaires et appendices, qui m'appartiennent haut et bas, et ma grande grange, qui est au-dessous de ma dite maison... [1] ».

Cette donation est faite à la condition que « chacun doyen qui seront après moi soient tenus et obligés de payer, une fois, 100 francs, à la confrérie St-Sébastien ». Sans doute, le bon curé a confiance dans l'excellent esprit de ses successeurs, mais parce qu'il n'ignore pas qu'il peut se rencontrer partout des caractères chagrins et difficiles, il a soin d'ajouter que c'est là une condition essentielle « *sine qua non* » du contrat.

Bien souvent son cœur avait été ému de compassion à la vue des malades pauvres et des mendiants abandonnés sans ressources. Afin de remédier, autant qu'il était en lui, à ce déplorable état de choses, il fonde, à la porte Pâquis, un Hospice ou Maison-Dieu, « pour y recevoir les pauvres, les passants, les voyageurs, les pélerins », et il lui assure des revenus suffisants. « Je donne ma maison et les maisons devant et derrière join-

[1] *Arch. Dép.*, série G. n° 506.

dant la porte Pàquis, pour ainsi que je veux que les pauvres y soient logés pour l'amour de Dieu [1] ».

Persuadé que de la bonne éducation des enfants dépend l'avenir d'une paroisse, et que le soin de la jeunesse est partie essentielle du ministère pastoral, le zélé curé y apporta une attention particulière. Jusqu'alors l'instruction était donnée à la Collégiale St-Laurent. Jean Mengin voulut avoir son école à lui. Le 25 mars 1504, il cède « à la communauté de Dieulouard une grangette ou maisonnette, pour la convertir en une maison d'école pour les enfants de la paroisse [2] ». Cette maisonnette était située dans le quartier St-Laurent. Sans doute, maîtres et élèves ne devaient pas y être très au large, mais on était alors beaucoup moins difficile et exigeant qu'aujourd'hui.

Prêtre d'une piété vive et éclairée, Jean Mengin ne se contenta pas de réédifier le temple matériel, il s'efforça surtout de développer dans les âmes confiées à ses soins la vraie dévotion.

Il fonda, en l'honneur de la sainte Vierge, la Confrérie dite de Notre-Dame des Grottes. « Voulons et ordonnons que soient dittes et célébrées en la grotte de l'église St-Sébastien, chacun jour, à toujours mais, les heures de Notre-Dame et de la Croix, par les six vicaires de ladite église Collégiale St-Laurent dudit Dieulouard, en la manière qui s'en suit : C'est à savoir les Matines, Prime,

---

[1] *Ibid.*

[2] *Ibid.* — Cette maison d'école sert actuellement de salle de ventes.

Tierce, Sexte et Nonne de Notre-Dame et de la Croix, après que les Vêpres et Complies ordinaires seront dites en l'église Collégiale... et que les dites Heures de Notre-Dame soient chantées à notes, selon le commun usage du diocèse de Toul. » «...Item. Que chacun jour de l'an, sur la nuit, et après que les Heures de Notre-Dame et de la Croix seront dites en l'église paroissiale, l'un des six vicaires, avec les quatre enfants de chœur, soit tenu de dire et chanter, par un après l'autre, un *Salve regina*, à notes, avec un *Ave Maria,* et les versets de la collecte de Notre-Dame, avec un *De profundis* pour les trépassés. » «... Item. Que chacun samedi de l'an, une messe basse soit dite à l'église paroissiale St-Sébastien, à l'autel de Notre-Dame des Grottes, pour tous les bienfaiteurs de la paroisse. » «... Item. Voulons que soient sonnées lesdites Heures, les Matines, les Vêpres, et, au soleil couchant, le *Salve regina* [1] ».

Mais l'œuvre de prédilection de Jean Mengin, si l'on peut dire, fut l'établissement de la Confrérie St-Sébastien. Dans l'acte de fondation, il énumère longuement les motifs qui l'ont déterminé à agir, il règle, de la façon la plus minutieuse, tout ce qui concerne l'admission dans ladite confrérie, les prières, les services, la nomination du trésorier, la conservation des titres, etc.... [2]. Il la dote riche-

---

[1] *Ibid.*
[2] *Ibid.*, série G, n° 504, série II, n° 44. — Une copie du règlement et un livre de comptes de cette confrérie se trouvent aux *Arch. dép.*

ment ; entre autres choses, il lui donne une maison sise entre la rue St-Laurent, 20 journaux de terres à la vaux de Chanot, une chenevière pleine de noyers sous le Billeu, une maison en la ville de Serpagne, les héritages qu'il possède à Faulx, un jour de terre à Malleloy, un gagnage à Villers-en-Haye, à Jezainville, à Ville-au-Val, à Villers-le-Prud'homme, plusieurs prés dans les villages voisins, neuf fauchées de prés à Dieulouard, etc. Il lui lègue, en outre, tous les biens qu'il pourra posséder au moment de sa mort. « Je lègue à la Confrérie tous mes acquêts au jour de mon trépas ». Il achète, de ses propres deniers, une châsse en cuivre ciselé, recouverte d'une feuille d'argent, pour y déposer les reliques du patron. Il cède aussi une maison pour y loger le chapelain.

Le pape accorda l'institution canonique de la pieuse association, et octroya de nombreuses indulgences, qu'il attachait à l'accomplissement d'œuvres déterminées.

Cette confrérie devint bientôt célèbre. Elle comptait un grand nombre de membres dont plusieurs firent, à différentes époques, d'importantes fondations. Elle distribuait du pain aux pauvres de la paroisse, tous les vendredis de l'année et chaque jour du Carême [1].

Après une longue vie, tout entière vouée aux bonnes œuvres, Jean Mengin rendit son âme à

---

[1] Ibid. — Invent. de la Collé., p. 60, 61. — Le chapelain de cette confrérie habitait rue de la Grand'Roche.

Dieu, le 4 mai 1513 ; il fut inhumé dans la crypte de l'église St-Sébastien, au pied de l'autel de la Vierge qu'il avait tant aimée et tant honorée. La pierre tombale qui recouvrait ses restes mortels portait une inscription qui a été usée par les pas des pèlerins. Il me semble qu'elle devait être ainsi conçue :

« A la mémoire de discrète personne Jean Mengin, doyen de la Collégiale et curé de la paroisse, lequel, après d'innombrables travaux accomplis pour son église, a passé de vie à trépas, le 4 mai 1513, ayant sagement gouverné sa paroisse pendant cinquante-neuf ans. Priez Dieu pour lui. »

Il n'avait pas attendu l'heure de sa mort pour régler ses dernières volontés ; dès le 5 mai de l'année 1505, il avait fait son testament. Ce testament, éclatant témoignage de la foi, de la piété, de la charité de son auteur, est écrit sur parchemin magnifiquement enluminé, et renferme 100 articles [1]. Il mériterait d'être cité en entier ; nous nous bornerons à en reproduire le préambule :

« Au nom de la sainte et indivisible Trinité, Père, Fils et Saint-Esprit. Amen. A tous ceux qui les présentes verront et ouïront, nous, Jean Mengin, doyen de l'église collégiale St-Laurent de Dieulouard et curé de l'église paroissiale dudit lieu, au diocèse de Toul, salut en Monseigneur Jésus-Christ. Faisons savoir que considérant le

[1] L'original de ce testament est conservé aux *Arch. Dép.* ; une copie existe aux Archives de Dieulouard.

temps de cette vie mortelle et que petite chose est à l'homme d'avoir et d'acquérir tout le monde, s'il ne procure et pourchasse le salut de son âme, au moyen de quoi elle puisse être préservée des damnements et recevoir la finition des biens célestes... pour l'honneur de Dieu et de ses amis, les glorieux martyrs S¹-Laurent et S¹-Sébastien, pour l'honneur de sa très digne Mère, pour le salut de notre âme et des âmes de nos père et mère, sœurs et frères, parents et amis, nous voulons et ordonnons ce qui suit, etc. ».

Jean Mengin est à peu près inconnu de la génération actuelle. Rien ne rappelle son souvenir, ni dans le bourg à qui il a fait tant de bien, ni dans l'église qu'il a édifiée et embellie au prix de ses sueurs et de ses fatigues. Ne conviendrait-il pas, afin de réparer cet injuste et inconcevable oubli, de donner son nom à une des rues de la localité, ou tout au moins de placer dans l'église une inscription commémorative?

Avant de commencer sa glorieuse campagne contre les Rustauds, le duc Antoine dut contracter dans le pays un emprunt pour subvenir aux frais de la guerre. « Le concile (la fabrique) de Dieulewart souscrivit pour L florins, valant IIIJXX; ces 80 livres évaluées à 420 fr. [1] ».

En 1552, la guerre éclate entre Henri II, roi de France, et l'empereur Charles-Quint. Henri II envahit les Trois-Evêchés, dont il s'empare; le

---

[1] *Mémoire d'Arch. Lor.*, année 1881, p. 21.

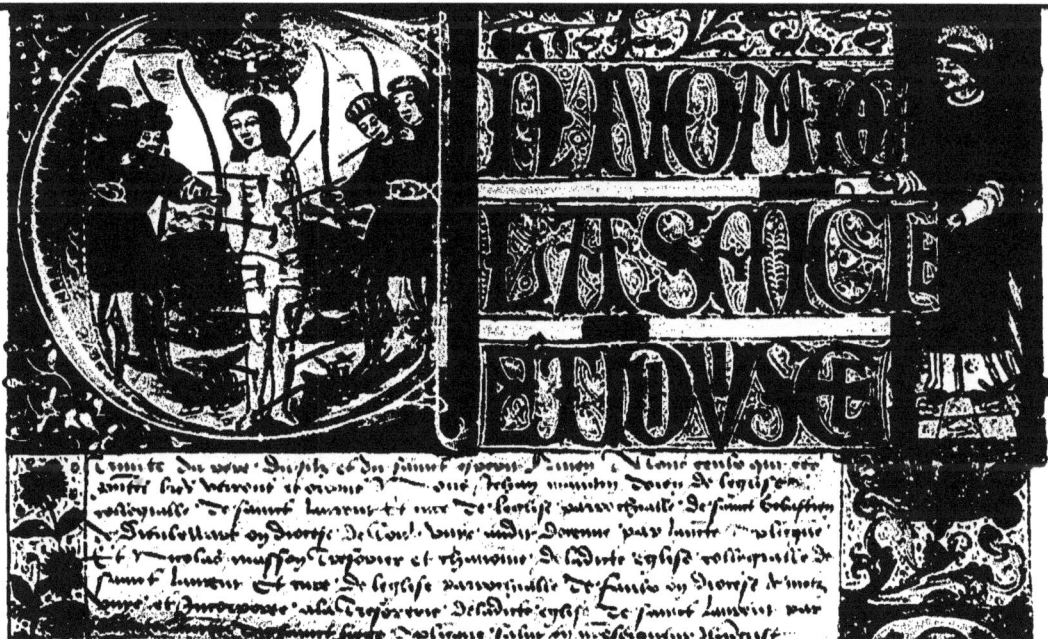

FRONTISPICE DU TESTAMENT DE JEAN MENGIN, CURÉ DE DIEULOUARD

(Archives départementales)

12 juin il fait son entrée solennelle à Verdun. De ce jour, la vieille cité libre et impériale devient française ; du même coup la prévôté de Dieulouard, qui faisait partie du comté de Verdun, passa sous la domination de la France. Cependant il est juste d'ajouter que si cette annexion amena un changement de nationalité, elle ne modifia pas sensiblement l'organisation administrative et judiciaire, qui se maintint, à peu près telle, jusqu'à la Révolution.

Charles-Quint chercha à rentrer en possession de ses provinces perdues ; il vint mettre le siège devant Metz, à la tête d'une armée formidable. On sait à quoi aboutit cette tentative, et comment son armée se fondit devant les maladies et les privations. Mais, pendant le siège, les bandes indisciplinées du margrave de Brandebourg firent des incursions dans tous les environs, et s'avancèrent jusque Dieulouard, qui eut beaucoup à souffrir de leur rapacité.

Cependant, un ennemi, beaucoup plus redoutable que les troupes impériales, approchait lentement et menaçait toute la Lorraine : c'étaient les Huguenots. En présence de ce danger, le grand évêque de Verdun, Nicolas Psaulme [1], fait appel

---

[1] Il naquit à Chaumont-sur-Aire (Meuse). Ce prélat, issu d'une famille de modestes laboureurs, fut un grand politique et un grand savant. Il restaura quantité de monuments religieux et de couvents : St-Paul, l'évêché, les monastères des Dominicains, des Augustins, etc. ; il fonda les Minimes, les Jésuites, une Université et un Séminaire, puis un collège universel et gratuit. Il joua un rôle important au Concile de Trente, dont il écrivit l'histoire dans son *Diarium*.

au duc François de Lorraine. Le 2 mars 1562, il l'institue « gardien et protecteur des biens de son évêché, et lui donne les château, terre et prévôté de Dieulouard, pour être tenus en fief par lui et ses successeurs, s'en réservant toutefois le ressort et la souveraineté[1]. » Malgré ce haut et puissant patronage, les Huguenots pénétrèrent en Lorraine, où ils commirent d'horribles profanations. Ils s'emparèrent de Dieulouard, pillèrent et brûlèrent le château, la Collégiale, les églises St-Laurent et St-Sébastien, renversèrent les croix, souillèrent les autels; ils saccagèrent aussi la chapelle Ste-Marie-Madeleine et l'ermitage situés sur la colline de Cuite[2]. Preuve évidente que les Huguenots n'étaient pas seulement d'inoffensifs chanteurs de psaumes et de cantiques, comme voudraient le faire croire certains historiens.

Nicolas Psaulme ne négligea rien pour réparer le mal causé par les protestants; il accorda des subsides et des réductions d'impôts. C'est à lui que Dieulouard est redevable de ses marchés et de ses foires[3].

------

[1] Dom Calmet, *Hist. de Lorr.*, t. 3, p. 104.

[2] « Malgré leurs promesses, malgré leurs chefs, ces sectaires, et ces mercenaires (les Huguenots) commettent toutes les violences possibles aux dépens des gens de villages, des gens d'église, des gens d'église surtout. Les traces de leurs dévastations et de leurs incendies furent longtemps visibles..... à Dieulouard. » *Mémoires d'Arch. lorr.*, t. 14, p. 28.

[3] « Nicolas Psaulme, 84e évêque de Verdun, par la grâce de Dieu et du Saint-Siège apostolique, évêque et comte de Verdun,

Les successeurs du grand évêque continuèrent leurs faveurs « *à leur bonne ville de Dieulouard.* » L'un d'eux, Erric, attiré par la beauté du site, en fit sa résidence ordinaire ; il mit la dernière main à la reconstruction du château, et ajouta, en l'année 1595, une huitième tour carrée, dans laquelle il érigea une chapelle. Il y établit aussi un atelier monétaire [1]. Les pièces qu'on y fabriquait étaient,

---

prince du saint empire, à tous ceux qui les présentes verront et ouïront, salut.

» Scavoir faisons que pour le bien, profit, utilité et commodité de nos bien-aimés sujets, habitants de notre bonne ville de Dieulouard, des sujets de la prévôté dudit lieu et des villes, villages et lieux circonvoisins, nous avons permis et octroyé et que par ces présentes permettons et octroyons que chaque année l'on tint et fasse au jour du jeudi, un marché publique, en la place commune, dite et appelée Halle, et place voisine tenant à l'église Collégiale de M. St-Laurent, audit Dieulouard, à laquelle place se pourra exposer et mettre toutes sortes de denrées et marchandises, comme on a coutume de faire aux autres marchés, et pareillement avons permis ériger une halle, au lieu le plus commode, pour servir audit marché, laquelle halle ils seront tenus de bâtir à leurs frais et dépens dans un an, de l'entretenir en bon et suffisant état trois ans durant ; et auront 2 foires pour chaque an, une au jour St-Laurent, et l'autre à la Conversion de St-Paul. Les dits marchés et foires, franches et quittes de toute gabelle et impositions pendant les dits trois ans, à commencer du jour et date des présentes. Fait et donné en notre cité de Verdun, le 1er jour d'avril, l'an mil cinq cent septante. Signé : Nicolas, évêque-comte de Verdun. » (Pied-terrier de 1630 de la prévôté de Dieulouard)

[1] Dom Calmet, *Not. de Lorr.*, art. Dieulouard. — Le Bonnetier dit dans ses *Manuscrits* avoir en sa possession le balancier qui servait à battre monnaie. Dans l'inventaire des meubles du prieur-curé de Scarpone, dressé le 26 mai 1792 par l'ordre du district, on trouve entre autres choses, « un balancier à fabriquer monnaies, ayant appartenu aux anciens évêques de Verdun, lequel est en fer. » Ce balancier est aujourd'hui au musée lorrain.

paraît-il, de qualité inférieure, car nous voyons Henri II, duc de Lorraine, publier une ordonnance émanant de son conseil des finances, pour arrêter l'introduction et le cours des *mauvaises pièces*, mises en circulation dans ses États, en particulier l'usage des petites monnaies présumées avoir été frappées à Dieulouard, et données dans le commerce pour gros de Lorraine[1].

[1] Henri Lepage, *Com. de la Meurthe*, art. Dieulouard.

CHAPITRE VI

DIEULOUARD AUX XVIIe ET XVIIIe SIÈCLES

Le commencement du xviie siècle vit la fondation d'un prieuré de Bénédictins anglais à Dieulouard.

Chassés de leur patrie par la persécution, ils
s'étaient réfugiés en France et en Espagne, en
attendant des jours meilleurs. Or l'un d'eux, le
P. Augustin Bradshaw[1], de passage en Lorraine,
apprit la suppression de la Collégiale de Dieu-

---

[1] Prieur du couvent de Douai.

6

louard et le transfert des chanoines à Nancy. L'occasion lui parut bonne pour créer une nouvelle maison de son Ordre, il résolut d'en profiter. Il va donc trouver le Primat, Charles de Lorraine, lui expose le but de sa démarche et en reçoit une réponse favorable.

Le 2 décembre 1606, le P. Bradshaw est mis, pour le compte des Bénédictins anglais, en possession « de l'ancienne église St-Laurent, avec les cloches, ornements et autres meubles, plus la maison et le jardin avec leurs dépendances, pour lesdits religieux anglais y faire leur résidence et habitation, à charge pour ces derniers d'entretenir à l'avenir ladite église, maison et bâtiments, comme les chanoines y étaient obligés [1], » et d'y continuer l'office divin, selon que le Pape l'exigeait.

On y ajouta une petite ferme à Jaillon, pour subvenir aux frais de l'office de chaque jour et de la grand'messe du dimanche [2].

Mais, « ornements et autres meubles » se réduisaient à fort peu de chose, les chanoines ayant emporté à Nancy tout ce qui pouvait leur être de quelque utilité. Les bâtiments et le cloître menaçaient ruine ; les murs du jardin étaient tout décrépits et lézardés, l'église « dénuée de tous les objets nécessaires pour le service divin [3]. » Il existait même, dans l'intérieur de la cour, des maisons

[1] *Arch. dép.*, Invent de la Collég., p. 24.
[2] *Arch. dép.*, série II, n° 70.
[3] Rapport adressé à l'évêque de Toul par les Bénédictins.

particulières, adossées à l'église. Deux années furent employées à préparer la place aux nouveaux habitants. L'église subit une transformation complète; les maisons qui la masquaient et la défiguraient furent achetées et démolies; le cloître fut remis en état, le terrain d'alentour déblayé et nivelé: un vaste et beau monastère fut élevé. Puis tout à côté, on construisit un logement pour les domestiques, ainsi qu'une basse-cour [1].

Tous ces travaux avaient nécessité de grandes dépenses, qui furent soldées, presque en entier, avec de l'argent venu d'Angleterre [2].

Dès le printemps de 1608, un certain nombre de Bénédictins purent s'installer dans le couvent, qui conserva son nom de *St-Laurent*, en souvenir de la Collégiale à laquelle il succédait.

Ces religieux suivaient la règle de St-Benoit, mais mitigée par les souverains pontifes. Le supérieur était élu, à la pluralité des voix, pour quatre ans; il pouvait être réélu. Il portait le titre de prieur.

Un des grands bienfaiteurs et une des gloires de St-Laurent fut Guillaume Giffard, dont il nous faut esquisser la vie.

Il vint au monde, en 1555, dans une noble et riche famille d'Angleterre. Son éducation ne laissa rien à désirer. Dès ses premières années, il fut

---

[1] *Annales bénédictines anglaises.*
[2] La Primatiale de Nancy contribua aussi à ces dépenses dans une certaine mesure. (*Arch. dép.*, Invent. de la Colleg., p. 25.)

envoyé au collège de Lincoln, comté d'Oxford, où il resta quatre ans. De là, il passa à Louvain et suivit les cours du célèbre Bellarmin. Doué d'une vive intelligence et d'une grande ardeur pour l'étude, il fit de rapides progrès dans les sciences et obtint facilement les grades de bachelier et de licencié en théologie et en droit canon. Reims possédait alors un collège qui avait pour supérieur le cardinal Alain. Le jeune Giffard s'y rendit, en qualité de professeur de scholastique. Il y enseigna avec tant de succès que le cardinal Louis de Lorraine, archevêque de Reims, lui accorda une pension annuelle de deux cents écus, espérant par là le fixer dans son diocèse. Mais à la mort d'Alain, Guillaume quitta Reims et vint à l'Université naissante de Pont-à-Mousson, pour s'y faire recevoir docteur. Il s'y lia d'amitié avec Pierre Fourrier, Servais de Lairuels et Didier de Lacour, qui furent dans la suite réformateurs d'Ordres religieux.

Après avoir obtenu le bonnet de docteur, il partit pour Rome, où il ne tarda pas à être connu et apprécié. Saint Charles Borromée le choisit pour son théologien, et le prit pour l'accompagner dans ses visites pastorales. Le pape Clément VIII le chargea aussi de plusieurs missions auprès de Jacques II, roi d'Angleterre, et enfin le nomma doyen de l'église St-Pierre de Lille. Pendant les douze ans qu'il occupa ce poste, Giffard rendit de précieux services à ses compatriotes, forcés de s'exiler à cause de la persécution religieuse; il les soutenait autant de ses aumônes que de ses con-

seils. Mais les cabales des Puritains [1] l'ayant obligé
de quitter Lille, il alla demander asile à l'université de Reims et y fut admis comme professeur de
de théologie. Dans ces nouvelles fonctions, il rem-
porta d'éclatants succès. Ses talents, son élo-
quence, sa fervente piété, son tact, ses manières
engageantes, lui gagnèrent la faveur des grands
et des princes, l'estime et l'admiration de tous. Il
comptait parmi ses amis et protecteurs, Henri,
duc de Guise, et le cardinal Louis, archevêque de
Reims, son frère. Elevé au poste de recteur magnifique de l'université, il pouvait prétendre aux
plus hautes dignités ecclésiastiques, quand, au
grand étonnement de tous, il dit adieu au monde,
pour embrasser la vie religieuse.

Agé de cinquante-trois ans, il vint frapper à la
porte du couvent de Dieulouard, où, comme on le
pense bien, il fut accueilli à bras ouverts. Son
titre de docteur, sa célébrité, son âge, ne lui va-
lurent aucune exemption de ces épreuves parfois
pénibles « *dura et aspera* [2], » que la règle prescrit
à tout aspirant à la vie religieuse. Les novices
trouvèrent en lui un modèle achevé de détachement, de mortification. On le voyait s'employer
aux travaux les plus bas, comme de balayer le
cloître, l'église, de faire la cuisine, etc. Le trait
suivant nous fera connaître, mieux que tous les
discours, sa profonde humilité, sa parfaite obéis-

[1] Secte protestante.
[2] *Annales bénédictines anglaises.*

sance, en même temps que sa bonne humeur. Un jour donc du mois de janvier, le savant et éloquent novice avait été envoyé dans une paroisse du voisinage[1], pour y prêcher. A son retour, il vint, selon l'usage, rendre compte de sa mission au supérieur qui se trouvait en ce moment au jardin avec la communauté. Celui-ci, après avoir donné sa bénédiction au voyageur, lui ordonna de se coucher de tout son long dans la neige, qui recouvrait alors le sol. Sans se permettre la plus légère observation, l'ex-recteur magnifique de l'université de Reims s'étendit dans la neige, et, après s'être relevé, il dit en souriant : « Regardez bien, voilà le portrait d'un docteur ! »

Après une année de probation, Guillaume Giffard fit sa profession solennelle dans la grande salle du Chapitre (1609), et reçut le nom de Gabriel-de-Sᵗᵉ-Marie, nom qu'il portera désormais avec bonheur. Ce fut le premier profès du couvent Sᵗ-Laurent. Aussitôt après sa profession, il fut choisi pour prieur. Entre autres largesses qu'il fit à la maison, il donna une bibliothèque[2].

Au début, la situation était des plus précaire ; plus d'une fois même la communauté se trouva réduite aux abois, manquant des choses les plus nécessaires à la vie[3]. Ce fut dans un ces moments de détresse que le supérieur A. Bradshaw envoya

---

[1] Belleville.
[2] Dom Calmet. *Not. de Lorr.*, art. Dieul.
[3] *Ann. bénéd. angl.*

en Espagne deux de ses religieux, Gabriel Giffard[1] et Jean Bermes, pour y quêter. Tandis que ceux-ci attendaient à St-Malo le départ du vaisseau, ils firent la connaissance de l'évêque de cette ville. Comme St-Malo ne possédait encore aucune maison religieuse, l'évêque leur proposa de s'y fixer, au lieu de continuer leur voyage, leur promettant son concours actif et celui de plusieurs personnes riches et influentes du lieu. Le P. Bradshaw consulté y consentit, et désigna six membres de St-Laurent[2], pour se rendre à St-Malo.

Deux années après, les sœurs de l'abbaye royale de Chelles, près de Paris, s'étant décidées à faire des réformes dans leur maison, s'adressèrent au

---

[1] Gabriel Giffard, après avoir été prieur du couvent de St-Malo, devint, en 1617, coadjuteur du cardinal de Guise, archevêque de Reims. En 1621, il prêcha l'oraison funèbre de ce cardinal. L'année suivante, il prêcha le carême à St-Germain-l'Auxerrois, devant les membres du Parlement et le roi. Il s'acquitta de cette difficile mission avec un tel succès que le roi le nomma à l'archevêché de Reims. Dans ce poste éminent, il fit un bien immense par son zèle et sa charité. Ce savant prélat s'appliqua avant tout à annoncer la parole de Dieu et à stimuler l'ardeur des élèves du sanctuaire pour les fortes études. Il rendit son âme à Dieu, le 7 avril 1627, et fut inhumé dans la cathédrale, en arrière du grand autel. Il avait lui-même composé son épitaphe, que voici : « Arrête, voyageur : vois ce que je suis et ce que j'ai été. Répands des prières devant Dieu pour un misérable pécheur qui du moins, en sa vie, n'a cherché qu'à faire du bien à tous et n'a jamais nui à personne » (La plupart de ces détails, sur Gabriel Giffard, ont été fournis par M. le Secrétaire de l'Archevêché de Reims, à la demande de M. l'abbé Marchal, curé de Dieulouard.)

[2] Clément Reyner, Nicolas Curre, Georges Gaire, Alban Roë, Claude Garédigère et Dunstan Pettinger (Ann. bénéd. angl.).

P. Bradshaw pour les guider dans cette œuvre délicate. Celui-ci partit pour Chelles. Les sœurs furent si satisfaites de sa direction, qu'elles lui demandèrent de créer un établissement de son Ordre, à Chelles même, s'engageant à pourvoir à tous les frais d'installation. Une nouvelle colonie de six religieux [1] quitta donc Dieulouard et vint se fixer à Chelles,

Nos Bénédictins n'oubliaient pas leur ancienne patrie tombée dans le schisme et l'hérésie. Beaucoup se firent missionnaires en Angleterre, malgré les terribles décrets portés contre les prêtres catholiques. Ils contribuèrent assurément, pour une large part, à conserver dans ce pays ces germes de catholicisme, dont nous voyons aujourd'hui les heureux développements. L'un d'eux même eut la gloire de verser son sang pour la foi. Il s'appelait Alban Roë [2]. Nature ardente et généreuse, il avait instamment sollicité la faveur de retourner évangéliser la mère-patrie. Arrêté et emprisonné par l'ordre du roi, Charles Ier, il fut condamné à avoir la tête tranchée, comme rebelle aux lois de la nation. Cette sentence fut exécutée le 21 janvier 1642. Espérons qu'un jour, qui n'est peut-être pas bien éloigné, nous pourrons l'honorer sur nos autels, comme martyr, car la cause de sa béatifi-

---

[1] Claude Haillem, Millitus Batorge, Thomas Gren, Boniface Kempfs, Colomban Maloue et Benoît d'Orgain (*Inn. bénéd. angl.*). — Au bout de quelques années, ce couvent de Chelles fut transféré à Paris.

[2] Il fit profession religieuse au couvent de Dieulouard, en 1612.

cation est introduite, depuis 1884, devant la Sacrée-Congrégation des Rites [1].

Cependant, grâce aux labeurs, à l'activité et à l'économie de ses habitants, le monastère St-Laurent avait prospéré et avait fait plusieurs acquisitions importantes, en particulier, celles d'une ferme à Marivaux [2], territoire de Bezaumont ; d'une maison rue de la Bouillante [3] ; des jardins dits du château ; d'un gagnage à Avrainville [4] ; d'une ferme à Chenicourt ; d'un bras de la Moselle, appelé l'Eau-Brion [5] ; de plusieurs hectares de forêts [6] ; d'une métairie à Loisy et de l'ermitage St-Blaise à Monce [7], etc...

Il bénéficia aussi des largesses de plusieurs seigneurs et bourgeois. Nous citerons seulement parmi ces bienfaiteurs, Claude Hiérosme, écuyer-capitaine-prévôt-gruyer de Dieulouard, Jean de Gournay, seigneur de Jallaucourt, et Jean de Latridolle, notaire de la prévôté, qui constituent « des rentes au profit des Bénédictins [8] ; » Erric de Lor-

---

[1] *Supplément aux Petits Bollandistes.*

[2] La ferme de Marivaux fut achetée à Antoine de la Tour en Voivre, seigneur du lieu, pour la somme de 31,000 francs (*Arch. dép.*).

[3] La maison de la Bouillante fut achetée pour 1,300 fr. à Henri et Antoinette *de la Bouillante.* C'est dans le jardin attenant à cette maison que se trouvait le réservoir à poissons des Bénédictins (*Ibid*).

[4] *Arch. dép.*, série H, n° 56.

[5] *Ibid.*, n° 57.

[6] *Ibid.*, n° 61.

[7] *Ibid.*, n° 63.

[8] *Arch. dép.*, série H, n° 71.

raine, évêque de Verdun, qui « donne une terre pour faire partie de l'enclos du monastère [1]; » le seigneur d'Orgain; noble Claude Villotte, maître-échevin de Pont-à-Mousson, et Toussaint Lambert, bourgeois de Dieulouard, qui abandonne par testament « tous ses biens de Velaine-en-Haye [2]. »

Une industrie contribua surtout à l'enrichir; ce fut la fabrication de la bière. « Pour pourvoir à l'entretien de la communauté, dit A. Digot [3], ils (les Bénédictins) élevèrent une brasserie dont les produits furent généralement préférés aux bières médiocres que l'on avait jusque-là fabriquées en Lorraine. » Cette bière était considérée comme l'équivalent de la bière anglaise, si vantée et si recherchée pour son goût et sa force; elle moussait comme le vin de champagne, pouvait être mêlée avec de l'eau, conservée pendant plusieurs années, et exportée sans inconvénient [4]. Aussi en faisaient-ils un grand commerce [5], et avaient-ils le privilège d'en fournir à la Cour et aux principaux seigneurs de Lorraine [6]. Les Bénédictins ont été

---

[1] *Ibid.*, n° 59.
[2] *Ibid.*, n° 68.
[3] *Hist. de Lorr.*, 5e vol., p. 33.
[4] Bilistein.
[5] Un seul débitant de Lunéville, Fiacre Léguider, « aux armes de Lorraine, » en acheta 144 mesures, rien que pour les six premiers mois de 1735. (*Registre des recettes et des dépenses du couvent St-Laurent.*)
[6] On lit dans les lettres-patentes du duc François de Lorraine : « Les Bénédictins, *depuis leur établissement,* auquel les ducs, nos prédécesseurs, ont beaucoup contribué, sont dans une paisible et

chassés de Dieulouard pendant la tourmente révolutionnaire, mais l'industrie qu'ils y avaient apportée leur a survécu, « à la grande satisfaction d'une génération altérée [1]. »

Le nom, la réputation de Gabriel Giffard, avaient attiré au couvent St-Laurent de précieuses recrues, entre autres, René d'Orgain, de la famille des prévôts, et Maurice de Flutôt, de la famille des voués. En 1629, il y avait 29 religieux de chœur, autant de novices, et un grand nombre de frères convers employés à la culture du houblon et à la fabrication de la bière [2].

Ces religieux se faisaient remarquer par leur stricte observance de la règle. Tandis que d'autres, à côté d'eux, donnaient le triste exemple de la défaillance et du relâchement, eux consolaient le cœur de l'Église et édifiaient les fidèles par leur ferveur et leur pureté de mœurs [3]. Leur charité était devenue proverbiale. Aussi, chaque jour, leur porte était-elle assiégée par une troupe de pauvres et de mendiants de la localité et des environs, sûrs de ne jamais frapper en vain.

On conserve aux Archives municipales un Pied-terrier [5] de 1630, qui fournit sur la situation de

---

constante possession de fournir de la bière à notre cour et aux principaux seigneurs de nos Etats. » (*Arch. dép.*, série II. n° 47.)

[1] *Ann. bénéd. angl.*

[2] *ibid.*

[3] Voir aux *Arch. dép.*, (série II, n° 50). les procès-verbaux des visites du monastère St-Laurent.

[5] *Pied-terrier*, registre contenant les noms de ceux qui relèvent d'une seigneurie, les droits, cens et rentes qu'ils doivent. — Ce

Dieulouard, à cette époque, certains renseignements précieux. Transcrivons les principaux.

« Monseigneur de Verdun est seigneur souverain, régalien, haut, moyen et bas justicier, seul
et pour le tout. »

« La fête du bourg se solennise le jour de S' Sébastien, et s'en font les cris et publications au nom
et par l'autorité régalienne de Monseigneur, un
seul et pour le tout. »

« La paroisse, sous le titre et patronage de
M' S'-Sébastien, se pourvoit par Messieurs de
l'insigne église Primatiale de Nancy, qui par ci-
devant en étaient le curé primitif. Il y a en ladite
paroisse, la Confrérie S'-Sébastien, enrichie de
bonnes rentes, et un pèlerinage (Notre-Dame des
Grottes), fort fréquenté par les particuliers et les
processions de divers quartiers qui viennent en
grand nombre. Il existe une autre église, sous le
vocable de S'-Laurent, laquelle servait précédemment de Collégiale, et renfermait 6 chanoines,
2 vicaires, 1 marguillier et 2 enfants de chœur;
elle est possédée aujourd'hui par l'Ordre des Bénédictins, pour la plupart anglais, avec maison
claustrale. »

« Sur le haut de Cuite, dans le finage de Dieulouard, se trouve une ancienne chapelle, ci-devant
ruinée, depuis peu de jours remise en état par le
sieur Charles Hiérosme, capitaine-prévôt; cette
chapelle est consacrée à S'' Madeleine. »

---

pied-terrier a été mis gracieusement à notre disposition par
M. François Maire, maire de Dieulouard.

« Se règle la communauté de Dieulouard à la coutume de l'évêché et comté de Verdun, pour toutes les actions judiciaires, et pour les poids et mesures à l'ancien usage de Pont-à-Mousson, hors le vin, qui suit la mesure de S¹-Gérard (44 litres). »

« La justice est composée du mayeur, du maître-échevin et du doyen, qui sont institués tous trois par le sieur prévôt. Le greffier est nommé par Monseigneur. Sont présentement lesdits officiers, le mayeur, Clément Mansuy; l'échevin, Claude Mansuy; le doyen, Roch Jacquinet et le greffier, Jean Poncet [1]. Connait ladite justice de toutes les actions personnelles jusqu'à cinq francs inclusivement; tient les plaids-annaux [2] deux fois l'an, dans le four banal de Monseigneur, savoir : le mercredi d'après les Rois et le samedi d'après Quasimodo... Sont obligés d'y comparaître, tous les propriétaires et détenteurs d'immeubles dans la ville et ban de Dieulouard et Xerpanne, sous peine de 10 blancs d'amende qui appartiennent aux officiers de ladite justice. Sont aussi obligés d'y comparaître les mayeurs de Villers-en-Haye et de Griscourt. » Dans les plaids-annaux se traitent toutes les questions qui intéressent la communauté; on y discute le choix des dimeurs, la nomination des gardes-champêtres et forestiers;

---

[1] Ils rendaient la justice devant l'église paroissiale.

[2] L'annonce des plaids-annaux était faite le dimanche qui précédait l'assemblée, à la sortie de la messe, par le mayeur ou par les commis de la municipalité.

on y énonce tous les droits du seigneur, les cens et redevances lui appartenant; on y publie les règlements municipaux et les ordonnances de police.

Le prévôt et les officiers de justice « sont francs et exempts de toutes tailles et redevances, à cause de leur office et état ». En outre, ils ont la jouissance d'une portion considérable de terres et de bois, ils perçoivent certaines redevances seigneuriales et touchent une partie des amendes.

« Il y a audit Dieulouard château et maison-forte, et établissement d'un capitaine, auquel château sont d'heures de garde et guetteurs tous les bourgeois et habitants de la prévôté. Il y a aussi des officiers à forger et à battre monnaie, comme cela se pratique depuis les règnes de Monseigneur le duc Erric et de l'illustrissime et révérend Charles de Lorraine. »

« Sont réputées fiefs [1], avec droit de colombier, les maisons du prévôt, du doyen de la Collégiale, du seigneur voué, de Michel de Bitard, seigneur de Salin, et de noble Gérard Mauljean. »

Le rôle des habitants mentionne, pour l'année 1630, 221 ménages ou conduits [2].

D'après ce pied-terrier, les revenus de la sei-

---

[1] *Fief*, domaine possédé par un autre seigneur, et jouissant de certains privilèges.

[2] En comptant 5 personnes par ménage, ce qui n'a rien d'exagéré, on voit que la population de Dieulouard s'élevait, en 1630, au chiffre approximatif de 1100 habitants.

gneurie *pouvaient* s'élever à environ 10,000 fr., qui se décomposaient ainsi qu'il suit :

Recettes en argent : — droits sur les anciens sujets de Dieulouard, environ 12 francs ; id. sur les nouveaux sujets, 13 f. — droits sur les sujets de la mairie de Blénod, 6 f. ; id. sur ceux de Rosières, 36 f. ; id. sur ceux du Val-Ste-Marie, 10 f. ; id. sur les Montignons(?), 53 f. — le guet du château, 12 f. — amendes des tavernes, jeux et blasphèmes, 26 f. — amendes diverses, 75 fr. — menues amendes, 50 f. — le tabellionnage, 153 f. — le droit du four banal, 200 f. — le droit de pêche dans la Moselle, 350 f. — le droit sur le passage des flottes, évalué à 200 f. — le droit de pressoir, 200 f. — le droit de glandé et de pâturage dans les forêts seigneuriales, 128 f. — cens sur certains héritages, 17 f. — location de jardins, 60 f. — vente d'une coupe de 25 arpens, 1,216 f.[1] — location des prés du Grand-Sauley, 1,221 f. — id., autres prés, 273 f. — les francs vins, 22 f. — cens sur diverses maisons et jardins, environ 20 f.

Ci............ 4,353 fr.

Recettes en nature : — les 2/3 des grosses dîmes, 100 paires, évaluées à 20 f. la paire : 2,000 f. — location du moulin, 170 quartes, évaluées à 10 f. la quarte : 1,700 f. — redevances des anciens sujets de Dieulouard, 60 quartes, évaluées à 10 f. : 600 f. ; id. des nouveaux sujets, 54 quartes, soit

---

[1] Le seigneur possédait, sur le ban de Dieulouard, 525 arpens de bois.

540 f. — redevances des sujets de la mairie de Rosières, 5 quartes, soit 50 f. — redevances des bourgeois, 16 quartes, soit 160 f. — cens sur diverses terres, 10 quartes, soit 100 f. — 20 chapons de cens, évalués 20 f. — 50 poules de cens, évaluées 50 f. — 1 poule par ménage, soit 221 poules, évaluées 221 f. — 10 gâteaux de cens, évalués 10 f. — 1 livre 1/2 de cire, estimée 1 f.

Ci............... 5,452 fr.
Total.......... 9,805 fr.

Le seigneur percevait encore d'autres redevances, mais insignifiantes, par exemple, 1 gros par voiture de sable, 2 gros par chargement de vin, etc. De plus, chaque laboureur devait « trois journées de charrue de corvées, à Monseigneur, » et était obligé « de charroyer les foins de mondit seigneur. » On pouvait se libérer de ce droit de charruage en versant deux francs par an.

La communauté de Dieulouard possédait, tant en prés qu'en terres labourables, environ 100 journaux, plus 463 arpens de forêts; elle avait droit à 15 quartes et 20 bichets de blé de cens, « lesquels s'emploient à faire du pain pour distribuer le jour de Pâques » : à 20 chaudrons de vin, de 4 pots

<hr>

1 Ces revenus étaient grevés de charges considérables, telles que l'entretien des routes, des fortifications du château, les réparations de la nef de l'église paroissiale, etc. — Aujourd'hui, la commune de Dieulouard verse annuellement entre les mains du percepteur la somme de 21,275 fr. 65 c., rien que pour les contributions directes (propriétés bâties et non bâties, portes et fenêtres, cotes mobilières et personnelles, patentes.)

chacun, « lequel vin doit être distribué, le jour
de Pâques, aux pauvres à la sortie de la messe »
(des œufs de Pâques !); et aussi à une quarte
d'huile, « laquelle s'emploie pour allumer la
lampe de la paroisse. »

Nous trouvons encore cette particularité, que,
sur chaque voiture de sable et sur chaque chargement de vin, la confrérie des Trépassés recevait
2 gros[1].

Personne n'ignore tout ce que notre pauvre Lorraine eut à endurer pendant la fameuse guerre
dite de Trente-Ans, ce qu'elle eut à souffrir de la
peste, de la famine, du passage et des violences
des gens de guerre. Plusieurs historiens et chroniqueurs, entre autres le P. Abram[2], ont laissé

---

[1] Le pied-terrier de 1630 renferme, au sujet de Scarpone, les
détails suivants : « Monseigneur de Verdun est haut, moyen et
bas justicier audit Xerpanne, seul et sans part d'autrui... La fête
du lieu se célèbre le jour de St Georges, et s'en font les cris et
publications par l'autorité et souveraineté de Monseigneur... Il y
a audit Xerpanne une église sous le patronage de St Georges,
laquelle a pour annexe Loisey, alternativement avec Ste Geneviève.
La collation de la cure appartient aux Vénérables de St-Paul de
Verdun. Les grosses dimes appartiennent auxdits Vénérables pour
les 2 3, et pour l'autre 1 3 à la cure du lieu; les menues se divi-
sent de même. Se lève la dime à l'onzième... Xerpanne dépend de
la mairie de Dieulouard; il y a un lieutenant nommé par le prévôt, et franc de rentes. Les bourgeois suivent la coutume de l'évêché de Verdun, se règlent aux poids et mesures du bourg de
Dieulouard; ils n'ont d'autre charte que celle de Dieulouard.....
Il y a audit Xerpanne 26 sujets rentables; la communauté a,
pour bien d'église, 7 fauchées de prés, admodiées présentement
65 francs; elle possède 12 arpens de prés, et a droit à 8 chaudrons de vin, lequel vin se distribue à Pâques... »

[2] Jésuite de l'université de Pont-à-Mousson.

7

de tristes mais trop véridiques récits sur cette époque de malheurs. Dieulouard eut sa part de souffrances dans ce drame sanglant.

Dès le printemps de 1631, la peste y fit son apparition, et, malgré toutes les précautions prises, elle y exerça ses ravages jusqu'en 1637 [1]. On ne possède pas de renseignements complets sur le nombre des personnes qui moururent de la peste. Les registres des décès, de 1630 à 1637, font défaut. Mais on peut supposer que ce nombre fut considérable, par ce détail, que, dans l'espace de cinq à six ans, trois curés de Dieulouard, quatre curés de Scarpone, sept Bénédictins, furent enlevés par la contagion. La mortalité était telle que l'on dut, pour préserver les vivants, éloigner les malades. On établit donc, au pied de la côte de Cuite, des logettes en planches, « des baraques », où l'on transportait quiconque était atteint de l'épidémie. Ce ne fut pourtant pas sans quelque résistance de la part de la population, qui s'imaginait qu'on enterrait les pestiférés tout vivants. Un jour même, elle se porta en foule vers ces baraques et peu s'en fallut qu'elle n'y mit le feu.

A la peste vinrent s'ajouter les pillages, les massacres, les réquisitions des gens de guerre. Placé sur la grande route entre Metz, Toul et Nancy, le bourg de Dieulouard fut occupé constamment par des troupes françaises, allemandes, lorraines ou suédoises, qui réquisitionnaient ou

---

[1] Arch. dép.

plutôt rançonnaient sans merci, comme savaient le faire les armées de ce temps-là. La compagnie des chevaux-légers de Monseigneur le frère du roi, Gaston d'Orléans, y tint garnison pendant vingt-trois mois. Les Suédois y firent de fréquentes visites et y laissèrent chaque fois des traces de leur passage. Le régiment de Saxe-Weimar y séjourna pendant deux ans. Les soldats de ce régiment, presque tous protestants, s'y livrèrent à tous les excès et y commirent toutes sortes d'atrocités, pressurant sans pitié les malheureux habitants, pillant lorsqu'on leur refusait quelque chose, attentant à l'honneur des personnes du sexe, poursuivant et massacrant les prêtres et les religieux, souillant les églises, heureux, en un mot, de pouvoir assouvir leurs haines religieuses sur des populations profondément catholiques.

Le 8 janvier 1636, deux Bénédictins, Anselme Williams et Léandre Néville, avaient été envoyés dans un village des environs, du côté de St-Mihiel, pour assister une dame de qualité qui se mourait. Arrêtés par les soldats de Saxe-Weimar, ils furent pendus à un arbre de la route, en haine de la religion [1].

On lit souvent dans les actes de baptêmes ces paroles significatives : La mère de l'enfant a déclaré qu'elle avait été victime de soldats qui ne respectent absolument rien... Plusieurs filles des villages environnants font de semblables déclara-

[1] Arch. dép. et municip. de Dieulouard.

tions, et s'en viennent, à Dieulouard, donner le jour à leurs enfants, et implorer la charité publique [1].

Pour comble d'infortune, à la peste, aux violences des gens de guerres, vint s'adjoindre la famine. Par suite des allées et venues continuelles des troupes, il n'était plus guère possible de labourer, d'ensemencer et de cultiver les terres ; bien souvent les blés étaient mangés, encore verts, par les chevaux ; les moissons saccagées ou brûlées. Il en résulta une disette épouvantable [2]. On en était réduit parfois à se nourrir d'herbes et de racines, et à manger des animaux dont on a horreur naturellement. Il est à supposer que ces lignes du P. Abram s'appliquent autant à Dieulouard qu'aux villages plus rapprochés de Pont-à-Mousson : « En 1638, écrit-il, les paysans commencèrent à sortir des villages ruinés, et accoururent en grand nombre aux portes de la ville, pressés par la faim et la misère, pâles, abattus, d'une maigreur effrayante, portant encore les traces de leurs anciennes blessures et se laissant tomber sur la terre où ils gisaient pêle-mêle... »

La misère fut donc grande à Dieulouard et dans toute la prévôté. On en jugera par les citations suivantes, qui en disent long dans leur brièveté.

Requête du fermier du moulin de Dieulouard,

---

[1] Ibid.
[2] En 1640, le resal de blé se vendait de 60 à 65 francs. (Arch. dép.)

qui expose « que les Suédois, étant arrivés audit lieu, prirent et emportèrent, par diverses fois, tout ce que le meunier pouvait avoir [1]. »

Requête du fermier du dimage en grains, qui expose que « le régiment du sieur de Watronville, séjournant deux ans audit lieu, avait gâté la plus grande partie de tout ce qui était semé [2]. »

Requête du fermier de la pêche, faisant connaître « qu'il lui a été impossible de travailler, à cause des Croates et autres coureurs qui tourmentent et violentent le pauvre peuple [3]. »

En 1637, requête des habitants de Loisy, Ste-Geneviève, Landremont, Bezaumont, portant « qu'ils sont réduits à mendier leur pain, n'ayant plus ni chevaux ni vaches, pas un grain semé, ni aucun moyen d'existence, les gens de guerre, tant Suédois qu'autres, ayant tout pris et pillé [4]. »

Requête « des pauvres affligés sujets de Monseigneur de Verdun, les manants, habitants et communauté de Landremont », à l'effet d'obtenir l'autorisation de contracter un emprunt pour payer leurs dettes. Ils exposent que « comme depuis sept à huit ans, les gens de guerre, tant cavalerie qu'infanterie, ont ordinairement régné et vécu en la prévôté de Dieulouard par étapes, garnisons et logements, à discrétion, tant et si continuellement qu'il leur est impossible de l'expliquer à présent,

---

[1] *Arch. dép.*, série B, n° 5236.
[2] *Ibid.*, série B, n° 5236.
[3] *Ibid.*
[4] *Ibid.*, n° 5234.

rançonnant et pillant souventes fois, ils en sont demeurés, après avoir employé et exposé toutes leurs commodités particulières pour la plupart d'entre eux, endettés sur la communauté pour plus de trois à quatre mille francs, et ne sauraient présentement trouver en leur communauté, réduite à vingt-cinq ménages, pas quatre à cinq personnes qui puissent payer leur cote de rentes qu'ils sont obligés pour les dittes sommes... et qu'ils seront contraints de quitter et d'abandonner ce lieu, s'ils ne trouvent soulagement et quelque moyen d'acquitter du moins les intérêts de leurs dettes... »

Il serait facile de multiplier les citations de ce genre.

En 1640, il ne restait plus que trente-sept sujets rentables dans toute la prévôté [1] qui comprenait alors neuf villages [2].

Au milieu de cet abîme de malheurs, les religieux et les curés de Dieulouard et de Scarpone rivalisèrent de zèle et de charité. Il est juste de ne pas laisser tomber dans l'oubli les noms de ceux qui se dévouèrent pour leurs concitoyens dans ces circonstances difficiles. Nous signalerons donc ici au premier rang, trois curés de Dieulouard : Henri Mansuy, Jean Richebois et Joseph Leclerc ; quatre prieurs-curés de Scarpone : Gérard Lemoine, Hugues Boban, Didier Leclerc et

---

[1] *Ibid.*, série B. n° 5236.
[2] Belleville, Dieulouard, Landremont, Loisy, Sivry, Bezaumont, Ste-Geneviève, Scarpone, Villers-le-Prud'homme, (ce dernier village a été détruit pendant la guerre de Trente-Ans par les Suédois).

Dominique Gérard, qui payèrent de leur vie leur dévouement. A ces noms, nous ajouterons ceux de quelques Bénédictins : Maurice de Flutôt, Laurent Reyner, Alexis Beurtel, Joseph Foster, Céleste de Landres, Adolphe Philips, Robert Ingleby, qui, chaque jour, se rendaient « aux baraques » pour y faire le service d'infirmiers auprès des malheureux pestiférés, et leur distribuer les consolations et les secours de la religion ; tous périrent dans l'accomplissement de leur sublime mission de charité [1].

Du reste, pendant ces jours de calamités, les religieux de St-Laurent furent constamment à la hauteur des circonstances. Plusieurs paroisses du voisinage étaient sans pasteurs, ils se chargèrent de les administrer. Nous avons déjà vu comment deux d'entre eux furent mis à mort par les soldats de Saxe-Weimar, au moment où ils allaient visiter une personne mourante. Pendant plus de vingt ans, ils firent les offices à Scarpone. Ils multiplièrent leurs aumônes, donnèrent leur nourriture à des centaines de pauvres, et construisirent pour ces malheureux un grand nombre de maisonnettes sur le terrain du Billu, attenant au monastère. Et pourtant leurs revenus étaient alors bien amoindris. Le commerce de la bière, qui formait leur principale ressource, était devenu presque impossible ; leurs fermiers, ruinés par la guerre, étaient souvent incapables de payer leurs redevances ;

_____

[1] Annal. bénéd. angl.

plus d'une fois, ils avaient dû, eux-mêmes, subir le pillage et les réquisitions : toutes ces considérations ne les empêchèrent pas de penser aux nécessiteux [1].

Cette charité des Bénédictins nous est attestée par une pièce authentique et irrécusable. Il existe, en effet, aux *Archives départementales* [2], un document ainsi conçu : « Attestation des habitants de Dieulouard, touchant la charité des Bénédictins, lesquels ont assisté les malades pendant la contagion de 1631 à 1637. » On y lit que ces religieux exercèrent les fonctions curiales, non seulement à Dieulouard, mais aussi dans les paroisses voisines, et cela pendant des années ; que plusieurs Pères moururent de l'épidémie, en soignant les pestiférés. On y lit aussi le trait suivant, qui témoigne de leur désintéressement. Un maréchal de France, témoin de leur héroïque dévouement, voulait leur faire rendre par le roi de France tous les biens de l'ancienne Collégiale, situés à Dieulouard et possédés actuellement par la Primatiale de Nancy. Il alléguait que les chanoines de la Primatiale, sujets des ducs de Lorraine, n'avaient plus aucun droit sur leurs biens sis à Dieulouard, terre appartenant au roi de France. Mais les Bénédictins se récrièrent, en disant que la chose ne serait pas juste. Ils demandèrent seulement à être exemptés des logements

[1] *Ibid.* — Tradition locale.
[2] Série H, n° 79.

militaires, pour tout le temps que durerait l'occupation française [1].

De son côté, l'évêque de Verdun eut pitié de ses infortunés sujets. Les comptes des receveurs des finances, pour les années 1630 à 1640, sont remplis de réductions accordées et de remises d'impôts.

Réductions au fermier du moulin de Dieulouard, au fermier de la pêche, au fermier du dimâge en grains. Réductions aux habitants de Loisy, de Bezaumont, de Ste-Geneviève, de Landremont, etc. Réductions aux trente-sept sujets rentables de la prévôté [2], etc.

Non content de consentir des réductions et remises d'impôts, il envoyait de l'argent pour distribuer aux pauvres. Nous lisons encore dans les *Archives départementales,* « que François de Lorraine, évêque de Verdun, donna des ordres à son prévot de Dieulouard, Erric Hiérosme, pour verser, chaque année, entre les mains des Bénédictins, une somme d'argent qui devra être distribuée aux pauvres [3]. »

La population de Dieulouard décrut considérablement pendant cette épouvantable période. De

---

[1] *Arch. dép.,* série H, n° 49. « Lettres-patentes de Louis XIII, qui accordent aux Bénédictins l'exemption des gens de guerre. »

[2] *Ibid.,* série H, passim.

[3] *Ibid.,* série B, n° 5237. — Dans les comptes du receveur Erric Hiérosme, pour l'année 1641, il est question de dépenses faites « pour la nourriture d'un individu arrêté sur un soupçon de sortilège. » — Ce prétendu sorcier était originaire de Ste-Geneviève.

221 ménages qu'elle comptait en 1630, elle était tombée à environ moitié, à la fin de 1641 [1]. Ceux qui restaient allèrent en pèlerinage à Notre-Dame de Benoîte-Vaux, implorer la protection de la Vierge Marie [2]. A leur retour, ils placèrent au-dessus de la porte d'entrée du château une statue de la Ste-Vierge tenant l'Enfant-Jésus dans ses bras, avec cette inscription gravée sur le socle : *Sub tuum præsidium. 1647.*

A partir de 1640, le droit des gens fut mieux respecté ; Dieulouard respira un peu. Mais néanmoins les habitants eurent encore de lourdes charges à supporter, en particulier, le logement et l'entretien des hommes de guerre, hôtes toujours redoutés et détestés.

---

[1] La plupart des villages lorrains eurent le même sort ; ils ne comptaient plus, à la fin de l'année 1640, que deux, trois, quatre, six, dix ou douze ménages. Ainsi à Frouard, où il y avait plus de cent conduits avant 1633, il ne restait plus que « cinq ou six pauvres habitants, auxquels il était impossible de cultiver les terres du finage. » Brémoncourt était désert. On ne voyait plus personne à Pierreville, à Parey-St-Césaire et dans les villages du Vermois. Il n'y avait plus à Houdelmont que deux ou trois veuves. A Rosières-en-Haye, il ne restait plus un seul habitant. A Marbache, il n'y avait plus que 3 ménages ; à Autreville et Millery, que 4 ; à Saizerais, que 5 personnes. Art-sur-Meurthe était réduit de 42 ménages à 6 ; Lay-St-Christophe et Eulmont de 181 à 11 ; Crévic de 256 à 10 ; La Neuveville de 75 à 10 ; Malzéville de 228 à 46 ; Varangéville de 19 à 5 ; Roville de 83 à 1 ; Richarménil de 29 à 5 ; Villers-les-Nancy, de 43 à 5 ; Vandœuvre de 57 à 14. Plus de 80 villages disparurent à cette époque, sans compter une quantité de hameaux, de censes, d'ermitages. Voir A. Digot, *Hist. de Lorr.* — Henri Lepage, *Dépopulation de la Lorraine au XVIIe siècle.*

[2] *Histoire de Notre-Dame de Benoîte-Vaux*, R. P. Chevreux.

Le château, pris et repris plus d'une fois par les Français, les Allemands, les Lorrains, n'avait pas été épargné. Les évêques de Verdun donnèrent des ordres pour que l'on y fit les réparations les plus urgentes. On lit dans les comptes du rece-veur Errie Hiérosme [1] : « Dépenses pour recouvrir les tours et courtines du château de Dieulouard, année 1641... Dépenses pour un pont-levis tout à neuf... Dépenses pour réparations des portes et des barrières, 1647... »

Louis XIV lui porta le coup de grâce ; il le fit démanteler, vers 1660.

Ainsi fut détruit le château-fort de Dieulouard, qui joua, comme on a pu le voir, un certain rôle dans l'histoire de la Lorraine. Colbert, qui le visita peu de temps avant son démantèlement, dit dans ses *Mémoires*, qu'il lui paraissait avoir été autre-fois un bon lieu de défense [2].

Mais, en dédommagement, Louis XIV choisit Dieulouard comme lieu d'étape [3] ; ce qui procura à ce bourg l'honneur peu envié d'avoir de temps en temps des soldats à héberger.

Signalons, en courant, quelques faits qui se sont passés vers la fin du xviie siècle et pendant le xviiie.

On sait que la dévotion au saint Rosaire acquit une grande popularité en Lorraine, à la suite de

---

[1] *Arch. dép.*, série B, n° 5240.
[2] Dom Calmet, *Not. de Lorr.*, art. Dieul.
[3] L'étape fut établie, à la porte Pâquis, dans l'hôpital de Jean Mengin.

la bataille de Lépante, gagnée sur les Turcs par l'intercession de la Sᵗᵉ-Vierge, et qu'un grand nombre de Confréries lui furent consacrées à cette époque. En 1660, un religieux dominicain de Nancy vint en ériger une à Dieulouard, dans l'église des Bénédictins. Le curé de la paroisse voulut, lui aussi, en établir une dans son église; de là, des difficultés avec les religieux. L'affaire fut portée au Parlement de Metz, qui donna gain de cause à ces derniers [1].

Jusqu'au commencement du xviiiᵉ siècle, un régent ou maître d'école était seul chargé d'enseigner les garçons et les filles de la paroisse. Vers 1710, nous voyons apparaître une sœur Vatelotte, « pour faire l'école aux petites filles [2]. »

Le 12 octobre 1717, incendie du couvent Sᵗ-Laurent. La bibliothèque, qui renfermait quatre à cinq mille volumes, devint la proie des flammes. Le prieur, Bernard Lowick, écrivit à Dom Calmet, pour lui faire part de l'accident, et « implorer sa pitié en faveur des pauvres réfugiés d'une nation malheureuse depuis si longtemps. » L'abbé de Senones répondit par un envoi de livres. Pour

---

[1] *Arch. dép.*, série H, nº 49. — Cette confrérie du Sᵗ-Rosaire a été transférée, après la Révolution, dans l'église Sᵗ-Sébastien, où elle existe encore ; elle récite le chapelet chaque dimanche.

[2] *Archives municipales.* — Cette école de filles fut installée, à la porte Pâquis, dans l'ancien hôpital de Jean Mengin. — La fondation de la Congrégation des Sœurs Vatelottes, actuellement Sœurs de la Doctrine chrétienne, eut pour auteur un chanoine de Toul, M. Vatelot, natif de Bruley. Elle eut lieu dans les premières années du xviiiᵉ siècle.

relever leur monastère incendié, les Bénédictins demandèrent et obtinrent la permission de quêter dans la Lorraine et le Barrois. Dès l'année suivante, ils commencent les travaux de reconstruction. Ils traitent avec Jean Moucherel, facteur d'orgues du duc Léopold, pour la fabrication d'un jeu d'orgues; avec Nicolas Champion, peintre à Pont-à-Mousson, « pour faire un tableau représentant saint Laurent; » avec le sieur Jonquoy, maître-fondeur et ciseleur de Léopold, « pour confectionner un pupitre en bronze ciselé [1]. » Ils font fondre trois nouvelles cloches, dont l'une eut pour parrain « J.-B. Joseph Boursier-de-Villers, baron d'Amécourt, conseilller d'Etat, envoyé par le roi [2]. »

[1] *Arch. dép.*, série II, n° 48, 74.

[2] *Ibid.* — En l'année 1724, les Bénédictins obtinrent du roi de France des Lettres de naturalisation.

« Louis, par la grâce de Dieu, roy de France et de Navarre : A tous présents et à venir, salut. Nos bien-aimés les religieux Bénédictins anglais du couvent St-Laurent de Dieu-le-vard, au diocèse de Toul, nous ont fait remontrer que le feu roy Louis XIV, de glorieuse mémoire, notre très-honoré seigneur et bisayeul, bien informé que les religieux Bénédictins anglais ne contribuaient pas peu, par les missions auxquelles ils sont employés, au soutien de la religion, leur avait permis par ses Lettres-patentes du mois d'octobre 1650 de s'établir en notre bonne ville de Paris, d'y acquérir tels biens et fonds qu'ils jugeraient à propos... Les Exposants, dont le monastère est soumis à notre domination, formant avec les Bénédictins anglais établis à Paris une même Congrégation, concourant également au soutien de la religion par les missions en Angleterre auxquelles ils sont employés, n'ont pas moins besoin de notre protection particulière, n'ayant d'autres fondations que les dots que les religieux qui y font profession y apportent, dots pour la plupart peu considérables, qui ne peuvent que diminuer dans la suite par la nouvelle imposition faite en Angle-

Le 2 mars 1725, destruction de l'ermitage Ste-Marie-Madeleine. Un vigneron voulant débarrasser sa vigne des gros buissons d'épines qui se trouvaient au bout, à proximité de l'ermitage, y mit le feu. La flamme, chassée par un vent violent, finit par atteindre la chapelle et la maison, qui bientôt furent réduites en cendres[1].

terre, sur les biens des catholiques, en sorte que les Bénédictins anglais, quoique plusieurs soient issus de maisons de distinction en Angleterre, ne peuvent recevoir aucun secours de leurs familles... La piété qui a animé le feu roy à accorder aux Bénédictins anglais de Paris la faculté de posséder des bénéfices de leur Ordre, et de jouir de tous les privilèges dont jouissent les autres religieux dudit Ordre, natifs de notre royaume, fait espérer aux Exposants, qui ont également l'avantage de vivre sous notre domination..., que nous voudrons bien leur faire les mêmes grâces, qu'ils nous ont très humblement fait supplier de leur accorder. A ces causes, voulant favorablement traiter les Exposants et soutenir leurs travaux et les pieuses intentions de leur Institut, en leur donnant des marques de notre singulière protection, nous avons, par ces présentes signées de notre main, permis, accordé et octroyé aux Bénédictins anglais du couvent de St-Laurent de Dieu-le-vard, de pouvoir posséder les bénéfices et dignités de leur Ordre et de jouir des mêmes avantages accordés aux religieux anglais de Paris, comme s'ils étaient natifs de notre royaume... Voulons que les religieux de ladite Congrégation, qui auront fait profession en icelle dans lesdits couvents de notre domination, jouissent de tous les avantages de nos sujets naturels; et, par ces mêmes présentes, Nous avons évoqué et évoquons à Nous et à Notre personne, tous les procès et différends mus ou à mouvoir, généralement quelconques, qui pourront regarder les Exposants, tant en général qu'en particulier... *Car tel est notre bon plaisir.* Donné à Versailles au mois de juin, l'an de grâce mil sept cent vingt-quatre, et de notre règne le neuvième. Signé : LOUIS. (Lettres de naturalité accordées aux Bénédictins anglais de Dieu-le-vard, par Louis XV. *Arch. dép.*, série II, n° 47.)

[1] Le Bonnetier.

En 1728, à la suite de pluies torrentielles, une tour du château s'écroule subitement et écrase une femme avec l'enfant qu'elle tenait dans ses bras.

Le 19 avril 1731, bénédiction d'une cloche qui a pour parrain Mgr d'Hollencourt, évêque de Verdun, et pour marraine « haute et puissante dame Elisabeth de Ligniville, marquise de Lamber- tye[1]. »

Le 30 mai 1734, Mgr Bégon, évêque de Toul, vient donner la confirmation à Dieulouard. Une troupe nombreuse de jeunes gens à cheval se porte jusqu'aux extrémités du territoire de la paroisse au-devant du prélat et lui fait escorte; un feu d'artifice est tiré en son honneur[2].

Le 7 juillet 1734, survient une inondation si épouvantable, que les Scarponois « crurent à un nouveau déluge. » Le moulin St-Laurent et la papeterie[3] furent emportés par le torrent; la Moselle se creusa un nouveau lit dans les fossés de Scarpone, côté sud-ouest; le piédestal de l'obélisque de Constantin fut renversé, des pans entiers des anciens remparts furent entraînés par les eaux[4].

Quelques années plus tard, une barque qui portait quinze personnes fut submergée en heurtant les débris de l'obélisque; cinq personnes périrent

[1] *Archives de Dieulouard.*
[2] *Ibid. — Arch. dép.*
[3] *Ibid.* — Cette papeterie ne fut jamais reconstruite.
[4] *Arch. dép.*, série H. n° 86. « Dégâts causés par un débordement de la Moselle en juillet 1734. »

dans les flots. A la suite de ce naufrage, on continua à mutiler ce monument.

En 1740, François Jacquemin, « maistre-menuisier, » confectionne les bancs qui existent encore dans l'église paroissiale.

Voici d'après Dom Guyton, moine de Citeaux, visiteur des monastères de son Ordre, quelle était la situation du couvent St-Laurent, en 1746. « En allant, dit-il, à Pont-à-Mousson, distant de Nancy de six lieues, j'ai vu en passant la maison apparente des Pères Bénédictins anglais, établis au village de Dieulouard, sur la Moselle : ils sont 15 religieux, 3 frères, et tiennent des pensionnaires au nombre de 6... Ils vivent de la vente de leur bière qu'ils font très bonne. Leur église est propre, faut monter, tant au chœur qu'au sanctuaire, plusieurs degrés sous lesquels il y a une chapelle à plusieurs piliers de la Vierge ; au-dessus du sanctuaire, la bibliothèque, bonne, belle en vue ; la maison est bien bâtie ; ne dépendent de personne. C'est un prieuré, comme la maison de Paris, Douai ; ils ont leur abbaye supérieure en Allemagne. Ils ont une grande table qui contient quantité de reliques dans nombre de petites cases, ornées et enchâssées précieusement. Il y en a de saint Benoît et du cilice de saint Bernard, couvertes d'une vitre ; elles viennent de Rome [1]. »

Le 3 septembre 1748, le P. Le Bonnetier fait

---

[1] Visite de Dom Guyton dans les abbayes de Lorraine, en 1746. *Mémoires d'arch. lorr.*, 3e série, vol. XVe, p. 211, 212.

son entrée à Scarpone, en qualité de prieur-curé du lieu.

C'était un digne religieux, en même temps qu'un savant historien et un archéologue érudit. Dom Calmet a rendu de lui ce témoignage flatteur : « Le prieur-curé de Charpaigne s'est appliqué à découvrir les antiquités de cette ancienne ville. Personne, avant lui, ne nous en avait appris autant de singularités... » En effet, pendant plus de quarante ans, il fit opérer des fouilles dans les ruines de Scarpone, et recueillit ainsi une quantité d'objets intéressants, tels que fragments de colonnes, débris de sculptures, statues, vases, urnes cinéraires, des milliers de médailles, dont il composa un musée. Il écrivit aussi l'histoire de Scarpone et des villages voisins. Ses nombreux manuscrits, bien que confus et incomplets, n'en sont pas moins une source précieuse pour l'histoire de notre contrée.

En arrivant, il trouva le clocher et l'église de la paroisse dans le plus pitoyable état [1] ; dès lors, il conçut le projet de les rebâtir. Il commença par le clocher, et imagina d'utiliser, pour sa construction et son embellissement, les riches débris qui jonchaient le sol. Il voulut en faire un véritable musée d'archéologie [2].

Le clocher terminé, il songea à lui donner une

---

[1] *Procès-verbal d'une visite canonique faite en 1750.*

[2] Lire, pour la description de cet édifice, la *Notice sur les ruines de Scarpone,* de Léopold Lamoureux, membre de l'Académie Stanislas.

flèche, comme couronnement. Il entreprit aussi de restaurer l'église ; il caressait la pensée, nous dit-il, d'y représenter l'apparition du Labarum à Constantin. Il sollicita donc l'autorisation de prendre dans les forêts communales les 150 pièces de bois jugées nécessaires pour ces travaux. Mais il se heurta à un refus formel de la communauté de Dieulouard. Il s'ensuivit entre Dieulouard et Scarpone un procès retentissant, qui se plaida en dernière instance au Parlement de Metz.

La relation de ce procès a été imprimée [1] ; il s'y trouve certains détails assez piquants. L'avocat Pompey, chargé de défendre les intérêts de la communauté de Dieulouard, reproche aux habitants de Scarpone de vouloir du luxe. Qu'est-il besoin d'un clocher si *apparent* pour un hameau comme le leur? S'ils désirent du luxe, qu'ils le paient. Il les accuse d'avoir cherché à corrompre le maire de Dieulouard... au moyen d'un bon dîner. « Le 10 octobre 1781, dit-il, Nicolas Picard, maire de Dieulouard, fut mandé à Scarpone, et là, après avoir été amplement régalé, on l'a fait souscrire au devis fourni par un charpentier de Pont-à-Mousson, lequel devis est fort exagéré... »

Nous ignorons quelle fut l'issue du débat. En tous cas, le clocher de Scarpone n'eut pas sa flèche ; et la Révolution éclata avant que l'église fût restaurée [2].

---

[1] Un exemplaire se trouve aux *Archives de Dieulouard.*
[2] Pour plus amples détails sur le P. Le Bonnetier, lire, dans la *Semaine religieuse de Nancy* (Ann. 1891-1892), notre brochure : *Le P. Le Bonnetier, dernier prieur-curé de Scarpone,* etc.

Phototypie J. Royer, Nancy.

CLOCHER DE SCARPONE

Construit, en 1778, par le P. Le Bonnetier,

Avant de clore ce chapitre, il ne sera pas sans intérêt de donner un aperçu sommaire de l'état de Dieulouard, au déclin du xviiie siècle.

Une première chose à remarquer, c'est la grande place que la religion occupe dans la vie des habitants. La religion est grandement respectée et en honneur. Les habitudes chrétiennes sont profondément enracinées dans les familles. Les sacrements sont fréquentés par la totalité des fidèles ; sauf les cas de mort subite, assez rares, tous les adultes quittent ce monde « munis des sacrements de Pénitence, d'Eucharistie et d'Extrème-Onction. » Les enfants sont baptisés le jour même ou le lendemain de leur naissance. Les confréries pieuses, en particulier celles de Notre-Dame des Grottes, du St-Rosaire et de St-Sébastien, comptent un grand nombre de membres, hommes et femmes, qui se font une gloire d'en observer scrupuleusement les règlements.

Les écarts de mœurs sont extrèmement rares; les registres paroissiaux n'indiquent que très peu de naissances illégitimes. Ainsi, de 1780 à 1790, c'est-à-dire pour une période de dix ans, nous n'avons trouvé, sur 466 naissances, que 5 illégitimes. Encore, les malheureuses qui ont donné ces scandales portent des noms aujourd'hui inconnus à Dieulouard; ce qui semblerait indiquer qu'elles étaient étrangères à la localité, qu'elles y étaient venues probablement en qualité de domestiques.

La population, composée presque entièrement de vignerons et de laboureurs, est paisible et sincèrement respectueuse envers ses maîtres légitimes. Nous n'avons vu trace nulle part d'acte de rebellion envers les évêques de Verdun, seigneurs du lieu.

Une autre chose à signaler, c'est le grand nombre d'enfants dans les familles. Elles sont nombreuses celles qui comptent six, huit et même dix enfants. Aussi la population, qui avait tant diminué lors de la guerre de Trente-Ans, s'est relevée rapidement; elle dépasse, en 1789, le chiffre de 250 ménages.

En compulsant les registres paroissiaux, on voit que la moyenne de la vie atteint un maximum assez élevé. Beaucoup arrivent à 70, 80, 90 ans; plusieurs même vont au-delà de la centaine. Nicolas Gombert meurt âgé de 100 ans et quelques mois; Anne Mansuy meurt à 102 ans, René Savigny à 117.

Autant qu'il est possible d'en juger par l'examen des signatures apposées au bas des actes des baptêmes et des mariages, l'instruction n'est pas trop en défaveur : la grande majorité des mariés et la très grande majorité des parrains et des marraines savent signer [1].

Nous rencontrons une foule d'us et coutumes, qui existaient du reste, il y a cent ans, dans la

---

[1] De 1780 à 1790, 17 parrains seulement et 79 marraines sur 466 ne savent pas signer. Pour les mariages, la proportion est plus forte; 13 époux et 15 épouses, sur cent environ, se contentent de tracer une croix; ce que le greffier appelle leur marque ordinaire.

plupart des villages de la Lorraine, à l'occasion des naissances, des noces, des décès ; en particulier, la coutume de donner des charivaris aux veufs et veuves qui convolaient en secondes noces, et la pratique de faire monter sur un âne, en tournant le dos à la tête de l'animal, le mari..... assez bénêt pour se laisser battre par sa douce moitié.

Il y avait, relativement aux noces, un usage assez singulier, appelé *ginglerie*. « Est tel que les anciens sujets de la mairie de Dieulouard se mariant doivent au gingleur, le lendemain de leurs noces, deux bichets de blé, un plat de viande et un pot de vin ; et les autres sujets ne doivent que dix blancs, le plat de viande et le pot de vin. Le gingleur est tenu de conduire à l'église, avec son ménestrier, les nouveaux mariés et de les ramener à leur logis [1]. »

On voit que, sous le rapport moral, Dieulouard laissait peu à désirer, il y a cent ans. A qui revient le mérite de cette situation ? Il revient, en grande partie, à la bonne éducation que recevaient les enfants, aux principes chrétiens, aux traditions de foi que les familles se transmettaient comme un héritage sacré. Car il sera toujours vrai de dire que la crainte de Dieu est, sinon la seule, du moins la meilleure sauvegarde de l'honnêteté des mœurs.

---

[1] *Arch. municip.*, pied-terrier de 1630.

CHAPITRE VII

DIEULOUARD PENDANT LA RÉVOLUTION

Election pour les Etats-Généraux. — Formation du premier conseil général de la commune. — Le canton de Dieulouard. — La garde nationale. — Les biens ecclésiastiques, déclarés biens nationaux; vente des biens appartenant à la Primatiale de Nancy, aux chapelles Ste-Catherine, St-Erasme, de Notre-Dame des Grottes, à la cure, à la fabrique, etc. — Suppression des couvents. — Réclamations des Bénédictins. — Le clergé paroissial. — Messire Jean-Nicolas Josié; sa mort édifiante. — Jean Malgaine, son successeur. — Son installation par l'évêque constitutionnel Lalande. — Prestation du serment civique. — Le P. Le Bonnetier. — Dénonciations contre les Bénédictins. — Fête de la Liberté. — Envahissement et pillage du couvent. — Arrestation des religieux. — Le prieur Richard Marsch. — Le frère Guillaume Scharrock; curieuse relation de sa fuite. — Après l'expulsion. — L'apposition des scellés. — Les doléances de deux commissaires. — Un huissier battu et pas content. — Vente des biens des religieux. — Jugement porté sur les Bénédictins par le conseil municipal. — La Terreur à Dieulouard. — Profanation de l'église paroissiale. — Descente des cloches. — Vente du mobilier de l'église. — La statue de Notre-Dame des Grottes. — Vente des Croix. — La statue de St Sébastien. — Vente du château. — Les maisons d'écoles louées pour trois ans ! — Expulsion du curé-intrus, Jean Malgaine. — L'abbé Naudot. — Nouveau curé-intrus, Charles 'Raybois; son portrait. — Etat de Dieulouard à la fin de la période révolutionnaire. — Conclusion.

Le dimanche 8 mars 1789, on procéda, à Dieulouard, à la nomination des électeurs chargés de désigner les députés aux Etats-Généraux et de rédiger les cahiers des doléances et remontrances.

Nous aurions aimé de connaître ce que renfermaient ces cahiers, malheureusement il nous a été impossible de les découvrir [1]. Il est permis toutefois de penser qu'ils ne contenaient aucune plainte sérieuse ni contre les seigneurs du lieu, ni contre le clergé et les religieux, si universellement respectés.

Sur la fin de décembre, fut formé le premier conseil général de la commune; il se composait de vingt-et-un membres et avait pour maire Nicolas Lucot, « très honnête homme et bon chrétien [2] », qui demeura à la tête de la commune jusqu'en 1794, et empêcha beaucoup de mal par sa prudence et sa fermeté.

Par suite de la loi du 25 janvier 1790 qui supprimait les anciennes divisions territoriales et partageait la France en 83 départements, partagés eux-mêmes en districts et en cantons ou justices de paix, Dieulouard fut détaché du bailliage de Verdun, et fit partie du département de la Meurthe et du district de Pont-à-Mousson. Il devint chef-lieu de canton, avec neuf communes : Belleville, Dieulouard, Gézoncourt, Griscourt, Mamey, Mar-

---

[1] *Les Archives municipales* présentent des lacunes considérables, en ce qui concerne la période révolutionnaire. Les registres des années 1790, 1791, 1792, manquent à peu près complètement. Dans ceux des années suivantes, des feuillets ont été arrachés ici et là. Pourquoi ces soustractions ? Serait-il téméraire de supposer qu'elles sont l'œuvre de personnes désireuses de faire disparaître les preuves écrites de la participation de quelques-uns des membres de leurs familles aux excès de la Révolution ?

[2] *Annal. bénéd. angl.*

tincourt, Rogéville, Saizerais et Villers-en-Haye. Le premier juge de paix fut Nicolas François [1].

Au mois de septembre de la même année, fut créée la garde nationale de la commune, qui se choisit pour commandant en chef, par 21 voix sur 24 votants, Jean Mansuy, ancien fermier seigneurial, homme très habile et très influent. « Taille, cinq pieds, six pouces ; cheveux et sourcils noirs ; yeux gris ; bouche moyenne ; nez aquilin ; visage rempli [2] ». Le dimanche qui suivit cette élection la garde nationale se rendit en corps à l'église pour la bénédiction et la remise du drapeau.

On sait que le 13 février 1790 l'Assemblée nationale décréta l'abolition des vœux monastiques, la suppression des couvents et la vente des biens ecclésiastiques, déclarés biens nationaux. En vertu de ce décret, on mit en vente les biens appartenant à la Primatiale de Nancy [3], aux chapelles St-Catherine, St-Érasme, de Notre-Dame des Grottes, à la cure de Dieulouard [4] et à celle de

---

[1] Il était originaire de Dieulouard. Il conserva sa charge jusqu'à la suppression du canton, en 1802.

[2] Arch. municip.

[3] Arch. dép. Vente de biens nationaux, Ire origine. — La Primatiale possédait 26 fauchées de prés, un corps de ferme, un bâtiment avec trois pressoirs, une maison, rue St-Laurent, etc. Le bâtiment ne fut vendu qu'en 1794 et la maison qu'en 1798.

[4] Ibid. — La cure de Dieulouard avait 20 journaux de terres, 26 fauchées de prés, 30 hommées de vignes, 1 jardin, 2 maisons, les bois appelés Jolibois et St-Sébastien (ces derniers cédés par la communauté au curé Jean Collin, en souvenir du passage de Jeanne d'Arc). Elle pouvait valoir, bon an mal an, 4000 livres. Elle était chargée de l'entretien d'une partie de l'église ; elle de-

Scarpone [1], à la fabrique de l'église de Dieulouard [2], à la Congrégation de Pont-à-Mousson, à
l'Ordre de Malte et à la confrérie St-Sébastien. La
maison du chapelain de cette confrérie, située dans
la rue de la Grand-Roche, vis-à-vis l'entrée du
château, fut vendue 900 francs; les biens de la
chapelle St-Erasme furent vendus 4,200 livres [3];
le gagnage de St-Geneviève et de Loisy, possédé
par la chapelle de Notre-Dame des Grottes,
13,500 livres [4], etc.

Les Bénédictins ne s'étaient pas trop préoccu-
pés, tout d'abord, du décret concernant les couvents, pensant qu'en leur qualité d'étrangers ils
n'y étaient pas soumis. Ils furent vite détrompés,
car, le 15 juin, ils recevaient la visite de deux commissaires, envoyés par le district pour inventorier
leurs meubles et immeubles. Ils protestèrent auprès de l'Assemblée, alléguant qu'ils étaient sujets

---

vait pourvoir au traitement du maître d'école et de la sœur
d'école.

[1] *Ibid.* — La cure de Scarpone possédait 19 hommées de vigne,
plusieurs fauchées de prés, 1 maison, etc.

[2] *Ibid.* — La fabrique avait un corps de ferme considérable,
30 fauchées de prés, 17 hommées de vignes, 2 maisons, etc. « Elle
était très bonne » (Invent. de la Collég., p. 55).

[3] *Ibid.* — Ces biens appartenant à la chapelle St-Erasme consistaient en un corps de ferme d'environ 60 jours. — Cette chapelle avait été fondée, au XVIIIe siècle, dans l'église des Bénédictins.

[4] *Ibid.* — Ce gagnage possédé par la chapelle de Notre-Dame
des Grottes comprenait environ 200 jours de terres, 25 fauchées
de prés, 25 arpens de bois, 1 maison de ferme. Il fut acheté par
Jean M.

anglais, et que leurs maisons et leurs terres, payées avec de l'argent venu d'Angleterre, ne pouvaient être regardées comme biens nationaux français. Leur protestation fut favorablement accueillie. Ils reçurent l'autorisation de demeurer dans leur couvent, mais comme séculiers, et de conserver toutes leurs propriétés, à l'exception de celles qui proviendraient de fondations ou de legs. Une commission fut donc nommée pour reviser tous les titres et contrats. Grande était leur inquiétude, car ils avaient perdu un certain nombre de leurs titres dans l'incendie du 12 octobre 1717. Mais les commissaires enquêteurs se contentèrent d'examiner quelques parchemins et d'interroger les plus anciens habitants de la commune. Ils dressèrent procès-verbal par lequel ils déclaraient que toutes les propriétés des religieux, à une petite exception près [1], étaient dûment et légitimement acquises. Ceux-ci furent tranquilles... pour un moment.

Au commencement de l'année 1791, cinq prêtres exerçaient les fonctions du ministère pastoral à Dieulouard et à Scarpone. C'étaient Messire Jean-Nicolas Josié, curé-doyen de la chrétienté de Dieulouard; Jean-François Cointré, son vicaire; Jean Malgaine, administrateur de la confrérie St-Sébastien; Gaspard Collenot, chapelain de la même confrérie — ce dernier mourut le 23 avril et fut

---

[1] La ferme de Jaillon, qui provenait de l'ancienne Collégiale St-Laurent.

remplacé le lendemain par l'abbé François François [1] — et Nicolas Le Bonnetier, prieur-curé de Scarpone.

Déjà, à plusieurs reprises, Messire Josié avait été mis en demeure, par le district, de prêter le serment de fidélité à la Constitution, exigé par l'Assemblée, mais toujours il s'y était nettement refusé. Rien n'avait jamais pu l'y décider, ni les caresses ni les menaces. Malheureusement, il mourut sur les entrefaites, le 3 juillet, après deux jours seulement de maladie. Quelques heures avant de rendre le dernier soupir, il dit aux personnes qui l'entouraient : « Voilà vingt-neuf ans que j'exerce le saint ministère dans cette paroisse. Je crois n'avoir rien de grave à me reprocher; cependant s'il m'était arrivé de vous faire de la peine, en quoi que ce soit, j'en demande pardon à Dieu et à vous tous qui êtes ici ». Puis il ajouta : « Je crains bien que mes prêtres ne restent pas fidèles au serment qu'ils ont prêté à leur évêque légitime [2]. »

Sa mort fut une grande perte pour la paroisse, surtout eu égard aux temps difficiles que l'on traversait. C'était un prêtre zélé, pieux, d'un caractère ferme et énergique. Les bons le pleurèrent, les méchants se réjouirent de voir disparaître, avec lui, un homme qui pouvait les gêner dans l'accomplissement de leurs funestes desseins.

Les craintes que Messire Josié avait manifestées

[1] Il était originaire de Dieulouard, et fils du juge de paix du canton.
[2] Tradition locale.

sur son lit de mort ne devaient pas tarder, hélas!
à se réaliser.

Ainsi que le voulaient les lois révolutionnaires,
il fut pourvu de suite à son remplacement, au
moyen d'élection. Le choix des électeurs se porta
sur Jean Malgaine, administrateur de la confrérie
St-Sébastien. « C'était un homme d'une conduite
régulière, mais faible, peu capable et délateur [1]. »
Il jouissait d'une certaine popularité auprès des
patriotes, grâce à son esprit conciliant et à ses
idées libérales.

Le district fixa au dimanche 7 août l'installation
de Jean Malgaine, comme nouveau curé de Dieulouard, et la prestation du serment civique pour
tout le clergé de la commune.

Mais le P. Le Bonnetier n'attendit pas ce jour-là
pour faire entendre ses protestations de fidélité à
l'Eglise. Le 24 juillet, il adresse ses adieux à ses
paroissiens, leur déclarant qu'il les quitte pour ne
pas accéder à un acte que sa conscience réprouve.
Il a fait sur l'Evangile le serment d'obéir à son
évêque, il ne peut en faire un second de lui déso-
béir. Il est né catholique romain, il veut mourir
catholique romain. Il sait à quoi il s'expose par
son refus, mais il espère qu'avec le secours de la
grâce de Dieu, rien ne pourra le séparer de l'amour
de Jésus-Christ, ni les persécutions, ni la faim,
ni la soif, ni même la mort. Il les supplie de ne
pas se laisser séduire par les idées nouvelles, et

---

[1] *Archives du Grand Séminaire de Nancy.*

de se défier des loups ravisseurs qui ne manqueront pas d'attaquer le troupeau. Il se retire à Bezaumont, chez son neveu, où il continuera à prier pour eux [1].

L'installation de Jean Malgaine eut lieu au jour fixé, en présence de l'évêque constitutionel Lalande. On voulut pour la circonstance organiser une procession solennelle. Les Bénédictins et les sœurs d'école furent invités à y prendre part, mais ils refusèrent, ne voulant pas, disaient-ils, approuver par leur présence une violation flagrante des lois ecclésiastiques. Malgré le concours de la municipalité et de la garde nationale, la procession échoua piteusement. Au retour, l'évêque présenta le nouveau curé à ses paroissiens, vanta son esprit de tolérance, son patriotisme, chercha à justifier le nouvel état de choses, et fit entendre à mots couverts des menaces contre les récalcitrants. A son tour, Jean Malgaine monta en chaire, et jura « d'être fidèle à la nation, à la loi et au roi, et de maintenir de tout son pouvoir la Constitution décrétée par l'Assemblée nationale et acceptée par le roi [2]. » Le vicaire de la paroisse, Jean Cointré,

---

[1] *Manuscrits.* — Le P. Le Bonnetier fut incarcéré à Nancy une première fois, du 25 avril 1793 au mois de juin 1795, comme dangereux pour la tranquillité publique. « C'est, disait l'acte d'accusation, c'est un fanatique outré qui gâte les esprits ; il est, en outre, *armé jusqu'aux dents* (!!!) » (*Arch. dép.*, série L, n° 472). Il fut emprisonné une seconde fois, du 22 mai 1796 au 20 août 1798. Il mourut à Bezaumont le 24 avril 1804, âgé de quatre-vingt-quatre ans.

[2] *Arch. municip.*

le curé-intrus de Scarpone, François François [1], prêtèrent, eux aussi, le serment, dans les mêmes termes.

Depuis leur refus d'assister à la procession, les religieux furent en butte à toutes sortes de vexations ; on les accusait d'être hostiles aux lois du pays ; toutes leurs démarches étaient strictement observées, leurs actes les plus inoffensifs interprétés en mal. Une chose surtout portait ombrage aux révolutionnaires, c'était la confiance que les fidèles leur témoignaient. En effet, en dépit des sollicitations et des menaces, la plupart fuyaient le curé-intrus, se refusaient à accepter son ministère et s'adressaient aux religieux [2].

Jean Malgaine, piqué au vif dans son amour-propre, eut recours à son arme habituelle, la dénonciation. Il les accusa, auprès du district, de troubler les consciences et le repos public et de s'opposer aux lois de l'Assemblée. Le district prit ses mesures en conséquence. Les sœurs d'école, qui fréquentaient l'église conventuelle, furent arrachées de leur poste et chassées de la commune, malgré les protestations des habitants. Elles ne furent pas remplacées, et les jeunes filles demeurèrent pendant plusieurs années sans instruction. Défense fut faite aux religieux d'ouvrir désormais leur église et de sonner les cloches. Ils s'y soumirent, mais en protestant, qu'en leur qualité de

---

[1] L'abbé François François avait remplacé le P. Le Bonnetier, comme curé de Scarpone.
[2] *Annal. bénédict. angl.*

— 128 —

sujets anglais, ils n'avaient rien à voir aux affaires intérieures de la France ; que, par conséquent, l'arrêt qui les frappait était illégal et abusif.

Leur église fut donc fermée et les cloches se firent entendre, pour la dernière fois, à la procession de St-Marc qui attira un grand nombre de personnes, hommes et femmes. Mais ils n'en continuèrent pas moins à recevoir en secret, avec les précautions nécessaires, ceux qui ne voulaient pas du ministère de l'intrus. De là, nouvelles dénonciations et nouvelles tracasseries. Le district interdit formellement aux habitants de fréquenter l'église du couvent ; mais les fidèles s'obstinèrent à recourir aux moines [1].

Ces derniers toutefois ne se faisaient plus guère d'illusion sur leur sort futur. Aussi, en prévision de la confiscation qui les menaçait, ils cherchèrent à vendre plusieurs pièces de terres. La municipalité reçut du district la lettre suivante qui lui enjoignait de s'y opposer. « Citoyens, le Département, informé que les cy-devants religieux anglais de Dieulouard projettent des dispositions clandestines à l'égard des biens attachés à leur établissement, nous a chargés de prendre les mesures convenables pour empêcher et arrêter toutes les ventes de ces biens. En conséquence, nous vous invitons de surveiller l'exécution et la déclaration du Département dans votre commune, de faire publier

[1] *Ibid.*

notre présente lettre, de nous informer à l'instant des contraventions qui pourraient avoir lieu. »

Signé : Jacquinot, président, Nicolas Faur et Sudot, secrétaire, 19 mai 1793, an 2 de la République [1].

Entre temps (8 juillet 1793), le conseil général de la commune s'assemble pour délibérer gravement et longuement au sujet de l'achat d'une soutanelle pour le chantre de la paroisse, « attendu que celle qu'il porte encore dans ce moment est dans le plus mauvais état possible, à cause du long usage qu'elle a ».

Sur la demande du district, une fête civique, avec procession, est organisée en l'honneur de la Liberté. Le cortège se rend du temple de l'Être suprême à la place de la Liberté (anciennement place des Moines). La statue de la Déesse est portée par des jeunes filles vêtues de blanc, les cheveux ornés de rubans tricolores. Ordre a été donné de pavoiser de feuillage et de branches d'arbres les maisons et les rues, sur tout le parcours de la procession.

La municipalité décide qu'on célébrera solennellement la fête de l'Assomption, « si chère au cœur des chrétiens », et que les Bénédictins seront invités à assister à la procession, afin de marquer leur attachement à la nation [2] ». La procession eut lieu, mais les Bénédictins n'y parurent point, ce qui souleva contre eux les récriminations et les colères

[1] *Arch. municip.*
[2] *Ibid.*

des patriotes. Dès lors il devenait évident qu'une catastrophe approchait. Les religieux agirent en conséquence. Ils réclamèrent des passeports, qui leur furent refusés. Voyant cela, plusieurs se décidèrent à tenter l'évasion.

Le premier qui partit fut Anselme Appleton. Il demanda à accompagner une voiture du couvent, qui avait été réquisitionnée pour conduire des approvisionnements à l'armée de Metz. Arrivé à St-Avold, il laissa là et voiture et cheval, et passa en Allemagne.

Tous ne furent pas aussi heureux. L'un d'eux fut arrêté à Pont-à-Mousson et jeté dans un cachot, où il resta deux jours sans nourriture. Il ne dut son salut qu'à l'intervention de personnes charitables et influentes. Un autre, Louis Faucheur, le tailleur de la maison, s'était rendu à Thiaucourt, sous le prétexte d'acheter du drap, mais en réalité pour s'évader; il y fut reconnu et ramené sous bonne escorte, à Pont-à-Mousson, où il eut à subir toutes sortes d'avanies.

Pendant ce temps-là, les religieux cherchaient à vendre leurs récoltes, afin de se procurer de l'argent. Le district l'ayant su ordonna d'établir une garde de vingt-cinq hommes, pour surveiller, nuit et jour, les abords du couvent, avec défense formelle d'en laisser rien sortir.

Ces hommes furent fidèles à leur poste pendant une dizaine de jours. Mais la température s'étant subitement abaissée (on était à la fin de septembre), ils laissèrent là leur ingrate besogne, pour courir à leurs vignes et vendanger. Les religieux profitèrent de ce répit pour se défaire d'une partie de leurs récoltes et de leur mobilier [1].

Enfin, après bien des démarches et des sollicitations, ils avaient pu obtenir des passeports pour les plus jeunes et les novices. Ce fut alors un sauve-qui-peut général. Le 3 octobre, Jacques Burges [2] quitta le couvent. Il fut suivi, le lendemain, par Augustin Mitchel, Jean Calderbanck, Alexis Chew et Benoit Marsch ; le surlendemain, par Edouard Plater, Guillaume Castham, Daniel Spencer et une dizaine de novices. Tous purent, sans trop de difficultés, franchir la frontière et regagner leur pays natal.

Il ne restait plus que le prieur Richard Marsch, deux religieux de chœur, Oswald Talbot et John Dauber, quatre frères anglais et quatre frères lais français, tous bien résolus à attendre le cours des événements. Ils n'eurent pas à attendre longtemps.

En effet, le samedi 13 octobre, dans la soirée, deux membres du district, Thiéry et Lesure, arrivaient à Dieulouard, envoyés par le département pour mettre à exécution le décret de la Convention du 18 du premier mois de l'an II (9 octobre), portant que « tous les anglais, écossais, irlandais et hanovriens, de l'un et de l'autre sexe, seraient mis à l'instant même en arrestation dans des mai-

---

[1] *Annal. bénéd. angl.*

[2] Spécimen d'un passeport. « Passeport délivré à Jacques Burges, né anglais, délivré et scellé à la maison commune de Dieulouard, le 3 octobre 1793 (vieux style), l'an second de l'unité de la République et le premier de la mort du tyran, » (*Archives municipales*).

sons de sûreté et les scellés apposés sur leurs propriétés ». Ils font battre la générale pour rassembler la garde nationale et le peuple. Puis, après lecture faite du décret dont ils sont porteurs, ils se dirigent vers le couvent qu'ils envahissent. On court à l'appartement du prieur, mais l'appartement est vide. Malgré les perquisitions les plus minutieuses, il est impossible de mettre la main sur la proie que l'on convoite avec tant d'avidité. On parvient pourtant à s'emparer des deux religieux, de deux frères lais anglais et des frères lais français, que l'on garde à vue dans une chambre, en attendant de les transférer au district.

À la suite de la garde nationale, une bande de gredins est entrée dans le couvent, en poussant des clameurs furieuses. Elle enfonce à coups de haches les portes des chambres, brise la bibliothèque, les armoires, se précipite dans la cave et dans les celliers, défonce les tonneaux et s'enivre. Le lendemain, on pouvait voir plus de cinquante garnements couchés ivres-morts dans la cour, dans les cloîtres, dans les caves, dans le jardin et jusque dans la cuisine, cuvant le vin dont ils étaient gorgés [1].

Le prieur Richard Marsch, prévenu à temps, avait pu s'échapper. Bien lui en prit, car s'il avait été arrêté, il est probable qu'il aurait porté sa tête sur l'échafaud.

La *Semaine religieuse* de Nancy a publié (année

---

[1] *Annal. bénéd. angl.* — Tradition locale.

1882) une relation fort intéressante de la fuite du P. Marsch [1]. Nous y renvoyons nos lecteurs.

Deux frères lais anglais réussirent aussi à s'échapper, grâce à la connivence de quelques gardes nationaux qui leur procurèrent des habits laïques. L'un d'eux, Guillaume Scharrock, a laissé un récit très curieux de son évasion, qu'on lira, croyons-nous, avec plaisir [2].

« Je venais de me coucher, raconte-t-il, quand j'entendis le tambour battre aux abords du couvent. Je ne savais quoi penser, mais je ne tardai pas à le savoir, car, un instant après, les portes volaient en éclats. Vite, je saute en bas du lit, je m'habille, je me sauve, les souliers à la main, dans le jardin, et je me blottis dans une niche à chien qui se trouvait sous un escalier de pierre. Je restai là jusqu'à deux heures du matin. Mais comme il faisait très froid et que tout tapage avait cessé, je me décidai à sortir de ma cachette. J'étais à peine sorti que j'entendis une voiture rouler dans la cour et le conducteur crier de toutes ses forces : Où sont-ils ces traîtres, ces scélérats, ces étrangers ? — Les voici. — Combien sont-ils ? — Quatre. — Mais où donc sont les trois autres ? car j'ai l'ordre d'en ramener sept. — Nous n'en savons rien. — Le voiturier fit monter sur son chariot les quatre prisonniers, et partit en proférant d'hor-

---

[1] « Les Bénédictins anglais de Dieulouard et la fuite du Révérend Père Marsch, dernier prieur du couvent de Saint-Laurent.

[2] Ce récit nous a été communiqué par les Bénédictins du couvent d'Ampleford (Angleterre).

ribles blasphèmes. Pour moi, je rentrai dans ma niche à chien et je m'étendis sur la paille. Lorsque l'horloge du couvent sonna six heures, je quittai mon trou ; mais j'étais si glacé que j'avais bien du mal de me tenir sur mes jambes. J'essayai alors d'entrer dans la maison pour prendre quelques effets et de l'argent. Sur le seuil de la porte, je fus arrêté par un factionnaire qui me cria : « Qui est là ? — Frère Guillaume. — Où allez-vous ? — Dans ma chambre. » — Ce factionnaire me reconnut, me tendit la main en disant : « Je vais avec vous. » — Nous montâmes ensemble le grand escalier. A la porte des appartements du prieur se tenaient quatre gardes nationaux, l'arme au bras, qui me demandèrent si je ne l'avais pas vu. Je répondis que non. Alors l'un d'eux, dont je regrette de ne pas connaître le nom, m'ayant pris la main, me dit : « Mais vous paraissez ne pas avoir chaud ; il faut voir s'il ne serait pas possible de vous faire un peu de feu. » — Un autre continua : « Attendez ; je vais à la cuisine m'informer s'il n'y aurait pas moyen de vous y conduire. » — Une minute après, il revint, disant qu'il n'y fallait pas songer, car elle était pleine d'hommes ivres. Il me mena dans la cellule d'un religieux, et courut chercher un brasero ardent, auprès duquel je pus me réchauffer un peu. Le même homme m'apporta une bouteille de vin. Je m'en versai un verre. J'étais prêt à recommencer, quand on vint m'avertir que quelques méchants garnements me cherchaient dans les greniers, pour me faire un mauvais parti. Sans plus tarder, je me sauve dans le quartier des élèves ; j'escalade le mur du jardin et je me réfugie chez un de nos fermiers qui demeurait tout près. C'était un brave homme, mais craintif à l'excès, qui avait une peur horrible de se compromettre. Il me reçut cordialement, me donna à boire et à manger, me raconta, les larmes aux yeux, tous les événements de la nuit, et m'assura de son dévouement. Mais, le lendemain soir, il me dit qu'à son grand regret il ne pouvait pas me garder plus longtemps, car les gens de l'endroit commençaient à soupçonner que j'étais caché chez lui ; que si l'on me découvrait, nous aurions à souffrir tous les deux. Il m'offrit de me faire passer la Moselle à cheval. Voyant bien qu'il n'y avait rien à attendre de ce trembleur, et afin de ne pas l'exposer aux peines sévères édictées contre ceux qui donnaient asile aux suspects, j'acceptai sa proposition. Nous partîmes donc le mardi à une heure du matin. Arrivés de l'autre côté de la Moselle, mon homme me donna une poignée de main et prit congé de moi, en me souhaitant bonne chance. Une fois seul, je commençai à avoir peur. Que devenir, sans argent, sans passeport, dans un pays à peu près inconnu ? Me sera-t-il possible de gagner l'Allemagne ? Ne serai-je pas arrêté par quelqu'une des nombreuses patrouilles qui sillonnent la frontière et fusillé sur-le-champ ? Je tombai à genoux, fis une courte prière, et, mettant ma confiance en Dieu et en sa bonne Mère, je me dirigeai du côté de Condé (Custines). Il y avait là quelqu'un avec qui nous étions en excellentes relations ; j'espérais qu'il pourrait m'aider en quelque chose. Hélas! je me trompais. Aussitôt qu'il me reconnut, il me pria poliment de quitter sa maison, prétextant que ma présence pourrait lui attirer beaucoup d'ennuis et de désagréments. En sortant de chez lui, je rencontrai, au milieu de la rue, un homme bien mis, à la tournure distinguée, qui me demanda à brûle-pourpoint si je ne venais pas de Dieulouard. Je lui répondis que oui. Comme il paraissait s'intéresser vivement à ma position, je me hasardai à lui dire : « Ne pourriez-vous pas me mener chez le maire et me faire obtenir un passeport ? — Volontiers, me répondit-il en souriant, et même je puis vous assurer que le maire ne vous refusera pas un passeport. Car c'est lui qui a l'honneur de vous parler. » — Muni d'un passeport en règle, je me mis en route pour Boulay, où j'arrivai sans encombre le soir. Le lendemain de grand matin, je me dirigeai sur Saarlouis; mais au détour d'un chemin, me voilà tombé au beau milieu d'un campement de soldats français. Jugez de ma stupeur! Heureusement que ces soldats étaient occupés, les uns à faire l'exercice, les autres à jouer au bouchon; ils ne firent pas attention à moi, et me laissèrent passer sans me rien dire. Mais où aller? Je n'en savais vraiment rien. J'avisai quelqu'un que j'avais aperçu au milieu des champs et lui demandai de m'indiquer le chemin de Saarlouis. — « D'où venez-vous ? me dit-il. — De Dieulouard. — Ah! je me doute bien maintenant qui vous êtes. J'ai appris la fermeture du couvent et l'arrestation des religieux. J'ai habité, dans le temps, à Dieulouard, et même plus d'une fois j'ai bu de la bière dans votre maison. Aussi, en souvenir de la bonne hospitalité que vous m'avez donnée jadis, je ne vous dénoncerai pas, comme la consigne m'y oblige. » — Je sus depuis, que c'était un douanier. Après l'avoir remercié de ses bons sentiments à mon égard, j'ajoutai : « Ne pourriez-vous pas m'aider à passer la Sarre? — Je n'oserais jamais tenter pareille aventure, ce serait jouer ma vie. La Sarre est gardée par un cordon de sentinelles échelonnées depuis Sarbruck jusqu'à Saarlouis ; des patrouilles circulent partout. Malheur à moi si j'étais rencontré avec vous ! Il ne me resterait plus qu'à me recommander au Père Éternel. Le meilleur moyen d'arriver à Saarlouis serait de vous mêler à de jeunes conscrits, qui sortent de cette ville chaque matin, et s'en viennent faire une promenade militaire de ces côtés. » — Il était environ dix heures. Tandis que nous causions, nous vîmes les conscrits en question qui approchaient. — « Maintenant, ajouta le douanier, allez les rejoindre et entamez conversation avec eux sans avoir l'air de rien. » — Là-dessus il me fit ses adieux, en me recommandant la prudence. Je me glissai près d'un groupe de conscrits et liai conversation avec eux. Comme je portais à mon chapeau une cocarde, ils me prirent sans doute pour l'un d'eux ; en tous cas, ils ne firent allusion à rien. J'avais grande inquiétude en arrivant aux portes de la ville. Me laisserait-on entrer sans me questionner? J'en fus quitte pour la peur. Lorsque nous fûmes sur la place publique, l'officier qui commandait le détachement nous fit rompre les rangs. Les jeunes gens avec qui j'avais fait route me demandèrent alors dans quelle rue je logeais. — « Je serais bien en peine d'en dire le nom. — Eh bien! venez avec nous. Plus on est de fous, plus on rit. » — Je les accompagnai et dînai avec eux. Après le dîner, nous allâmes nous promener hors de la ville, du côté de la frontière. A un kilomètre environ, se tenait un factionnaire. L'occasion me parut excellente pour me procurer quelques renseignements dont j'avais besoin. Je lui adressai machinalement plusieurs questions. — « Sommes-nous encore loin de la frontière? — La frontière! Elle est là, tout près, à une portée de fusil. Voyez-vous ce petit bois à gauche? Il appartient à l'étranger. — Ainsi pour se rendre en Allemagne, il suffit de gagner ce bois. — Oui. » — C'est ce que je désirais savoir. Sur le soir nous rentrâmes dans notre logement, qui était une auberge. A peine y étions-nous installés, qu'arrive un sergent avec 50 ou 60 conscrits, en sorte que nous pouvions bien être une centaine dans la grande salle. Tout ce monde buvait à qui mieux mieux et chantait à tue-tête. Je m'étais placé à côté du sergent, causant avec lui de choses et d'autres, affectant une gaîté que je n'avais pas, quand tout-à-coup j'entends un conscrit dire, en me montrant du doigt : — « Celui-là a bien l'air d'un aristocrate. Qu'en pensez-vous, camarades? » — Je fis mine de ne pas comprendre, mais à la première occasion je m'esquivai. J'allai demander une chambre à l'aubergiste, et je me jetai tout habillé sur mon lit. La nuit me parut longue d'un siècle. Je ne fermai pas les yeux une minute. Je m'attendais à tout instant à voir arriver quelques-uns de ces conscrits, pour m'arrêter et peut-être me maltraiter. Dieu permit qu'il n'en fut rien. Dès la pointe du jour, j'allai me faire raser, à la première boutique que je vis. Après quoi je tentai l'évasion, en me dirigeant du côté du petit bois. Un épais brouillard s'étendait sur toute la vallée, et ne permettait pas de voir à cinquante pas devant soi. Je fus rencontré par plusieurs patrouilles de cavalerie; mais comme c'était jour de marché et que beaucoup de paysans des environs se rendaient à Saarlouis avec des marchandises, elles me laissèrent passer. Au milieu du bois, un groupe de femmes se mit à rire bruyamment en me regardant. Ces rires, qui m'auraient révolté en d'autres temps, me laissèrent froid et indifférent. Au sortir de la forêt, j'arrachai ma cocarde et je la foulai aux pieds. Mais j'étais bien embarrassé, car je n'apercevais devant moi ni village ni maison. Après avoir marché à l'aventure pendant plus d'une heure, j'arrivai enfin dans un village. Mais je ne pus me faire comprendre d'aucune des personnes que j'abordai dans la rue. De guerre las, j'entrai dans une auberge et fis signe qu'on m'apportât un verre d'eau. Une jeune femme m'en servit un, puis, remarquant que j'étais étranger, elle me fit conduire par un enfant chez le curé. Celui-ci, heureusement, parlait français, nous pûmes causer ensemble. Il s'informa tout d'abord d'où je venais. — « De Dieulouard, en Lorraine, lui dis-je. — Il y avait là un couvent de Bénédictins anglais que j'ai visité autrefois. Qu'est-il devenu au milieu du bouleversement général? — Le couvent n'existe plus. Les religieux ont dû fuir devant la persécution; plusieurs sont en prison. Vous avez en face de vous un de ces pauvres fugitifs. » — Il m'apporta de quoi me restaurer largement, puis il reprit : — « Où allez-vous? — Je cherche à rejoindre mes confrères à Trèves. — Ce n'est pas aussi facile que vous vous le figurez. Vous avez échappé aux mains des Français, mais il est à craindre que les Autrichiens, qui occupent militairement le pays, ne vous créent des embarras. Comme vous ne parlez pas allemand, ils pourraient vous prendre pour un espion et peut-être vous fusiller, sans autre forme de procès. Mais rassurez-vous; je connais l'officier qui commande le détachement, je vous donnerai une lettre de recommandation pour lui. » — Après un jour de repos, je continuai ma route. Comme me l'avait prédit le bon curé, je fus arrêté par une patrouille de cavalerie autrichienne et conduit à l'officier commandant. — « Qui êtes-vous? me demanda-t-il en français, d'un air courroucé. Que faites-vous ici? » — Je lui dis que j'allais à Trèves avec l'intention de m'embarquer pour l'Angleterre, que j'étais un pauvre frère convers chassé de son couvent par les révolutionnaires. En même temps je lui tendis ma lettre de recommandation. A peine y eut-il jeté les yeux, qu'il se radoucit et se montra d'une humeur charmante. Il me questionna beaucoup sur l'emplacement et la force des corps d'armée français; je lui racontai tout ce que je savais, mais il n'en fut guère plus instruit. Il me donna ensuite un sauf-conduit et me fit accompagner par un de ses cavaliers jusqu'à une distance de cinq à six milles. Le soir j'arrivais à Trèves, où je retrouvai plusieurs de mes confrères, tout heureux et tout surpris de me revoir : ils me croyaient en prison. Je restai un mois à Trèves, puis j'entrai au service d'un brasseur de Luxembourg, que je quittai le 20 janvier pour me rendre à Bruxelles et de là en Angleterre. A quelques lieues de Luxembourg, je fus surpris par une tempête de neige qui m'aveugla au point que je perdis mon chemin. Après avoir erré à l'aventure à travers champs, des heures entières, je finis par rencontrer une auberge isolée, dans laquelle étaient attablés deux vieux soldats autrichiens qui buvaient un pot de genièvre. L'un d'eux m'adressa la parole en français, et, ayant appris que je me rendais à Bruxelles, il me dit : « Nous allons, nous, à Louvain qui n'est pas bien éloigné de là; si vous voulez, nous ferons route ensemble. » — J'eus garde de refuser une si bonne aubaine. Ils m'offrirent un verre de genièvre, et nous partîmes. Sur le soir, comme nous approchions d'un village, ils me demandèrent où j'irais coucher. Quant à eux, ils n'étaient pas embarrassés; ils iraient réclamer au maire un billet de logement. — « Ne pourriez-vous pas, leur dis-je, en réclamer un aussi pour moi ?» — Ils me le promirent. En conséquence, nous nous présentâmes tous trois chez le maire. Mais celui-ci, vieux paysan retors, refu-

sait obstinément d'en délivrer un pour moi, alléguant que je n'étais pas soldat, puisque je n'étais
pas revêtu de l'uniforme militaire. Mes compa-
gnons lui répliquèrent que j'étais un conscrit qu'ils
avaient recueilli en route. Après bien des pour-
parlers, notre homme finit par céder, mais à
contre-cœur et en rechignant. Nous voyageâmes
ainsi trois jours, durant lesquels je n'eus qu'à me
louer de la prévenance et des attentions des deux
soldats. C'étaient de vieux invalides qui se rendaient à Louvain avec l'intention d'y fixer leur résidence et d'y finir leurs jours. J'avais plaisir à les
entendre faire des projets d'avenir. Ils achèteraient
ou loueraient une petite maison avec jardin, dans
un des faubourgs de la ville, se réuniraient tous
les soirs avec quelques vieux amis, et avec cela
ils seraient heureux comme des rois ! Enfin j'arrivai à Ostende, d'où je m'embarquai pour Douvres.
Dieu soit loué ! »

Les quatre frères lais français arrêtés avec les
deux religieux furent bientôt relâchés, à la condition qu'ils prêteraient le serment de haine à la
royauté. Il nous paraît intéressant de reproduire
la formule de ce serment, conçue dans le style
barbare et prétentieux de l'époque.

« Ce jourd'hui, 14 octobre 1793 (vieux style).
l'an II de la République, les maire, officiers municipaux et notables de la commune de Dieulouard, assemblés au lieu ordinaire des séances,
ont comparu les citoyens Nicolas L..., Gérard N...,
Clément C... et Laurent L..., nés français et frères
lais cy-devant à la maison des Bénédictins anglais

qui étaient établis audit lieu, lesquels ont déclaré que n'étant plus sous les auspices de leurs supérieurs, qui se sont jusqu'à présent opposés à la bonne volonté qu'ils ont toujours eue d'acquérir les droits sacrés de l'homme qui sont attachés à la constitution populaire qui est la République, ils étaient dans l'intention de prêter leur serment et d'accomplir leurs devoirs en patriotes et vrais républicains. Ils ont, en présence desdits maire, officiers municipaux et notables, prêté le serment dont la formule suit :

« De mourir plutôt que de reconnaître un roi, un dictateur ou toute autorité quelconque, autre que celle du peuple français et de la Convention nationale ; de maintenir la Liberté, l'Egalité et l'Unité de la République, et de conserver les postes qui leur seront confiés, au péril de leur vie même ; et lesdits ont signé avec nous, etc. [1] ».

Le lendemain de l'expulsion, les citoyens Thiéry et Lesure procédèrent à l'apposition des scellés sur la chambre « occupée par le ci-devant supérieur Richard Marsch, ayant son entrée sur le grand corridor et prenant jour à l'extrémité du côté du couchant ». Ils requirent ensuite sept hommes de la localité pour être gardiens-commissaires. Tous y consentirent, sauf un, « qui déclara ne pouvoir accepter ni signer. » Son nom mérite d'être conservé ; il s'appelait Louis Lucot. Ce refus ou plutôt cette protestation déguisée était un grand

---

[1] Arch. municip.

acte de courage dans les circonstances actuelles, car il pouvait susciter et suscita, en effet, à son auteur bien des tracasseries de la part des patriotes, et lui valut son inscription sur la terrible liste des suspects.

Par lettre du 23ᵉ jour du 1ᵉʳ mois, an II (15 octobre), le Directoire du district approuvait la conduite tenue par la municipalité, ainsi que les mesures prises par elle pour l'apposition des scellés et l'établissement des commissaires... ; il invitait la municipalité à continuer la surveillance sur la maison des Bénédictins, et déclarait « que le zèle, que la garde nationale a montré dans cette circonstance, lui est un titre comme quoi elle a bien mérité de la patrie, et que pour ne pas abuser de son service, qui ne parait plus nécessaire au moyen de l'établissement de commissaires, elle est invitée à se retirer [1]. »

Quelques jours plus tard, le nombre des commissaires fut réduit à deux : Claude-François D... et Sébastien-Louis M... Il parait que ceux-ci menèrent joyeuse vie et firent bonne chère, si on en juge par ce détail qu'ils consommèrent, en moins de quatre mois, 377 livres de viande de boucherie, sans compter la charcuterie, plusieurs pièces de vin et les accessoires. Il est si agréable de bien vivre au dépens du prochain! Le district lui-même trouva qu'il y avait abus, car il réduisit considérablement la note des dépenses. De là, réclamations et plaintes de nos commissaires.

[1] Ibid.

Dans un long *Mémoire* [1] adressé au district, ils exposent qu'ils ont dû pourvoir à l'entretien de plusieurs domestiques, des deux dragons envoyés de Pont-à-Mousson « pour maintenir l'ordre et la police, et de Dom Brunet, ex-bénédictin, chargé de faire l'inventaire de la bibliothèque ». Ils rappellent tout le mal qu'ils ont eu pour surveiller une aussi grande maison que celle des ci-devant Bénédictins ; ils passaient la nuit à tour de rôle, ce qui les a mis sur les dents. Loin d'avoir fait bonne chère, comme on les en accuse, ils ont vécu avec la plus stricte économie ; ils mélangeaient même de la farine d'orge avec la farine de blé, afin de diminuer d'autant les dépenses. Pour remplir exactement la mission qui leur était confiée, ils ont négligé leurs intérêts personnels, et se sont attiré l'animosité d'une grande partie des habitants de la localité. Il s'en est même peu fallu que la maison du sieur Claude-François D... l'un d'eux, n'ait été livrée au pillage. Ils espèrent donc que le district mieux informé fera droit à leur requête.

Nous ne savons quelle suite fut donnée à cette pétition. Mais ce fait ne jette-t-il pas un jour curieux sur *l'austérité de mœurs* de cette époque révolutionnaire ?

Sur la fin d'octobre, un huissier de Pont-à-Mousson, Nicolas Baron, assisté du juge de paix et de deux membres du district, dressa un inven-

---

[1] Ce *Mémoire* est tombé par hasard entre nos mains.

taire détaillé de tout ce que renfermait le couvent « en mobilier et en denrées alimentaires ». Cet inventaire, qui dura cinq jours consécutifs et une partie des nuits, s'élevait à un total de 50,000 livres.

On vendit à l'encan le mobilier : linge, lits, ornements d'église, etc. Le blé, l'avoine, l'orge, le foin, la paille, furent conduits dans les magasins de la nation.

Cet enlèvement faillit tourner au tragique. Les habitants de Dieulouard, les femmes en particulier, voyaient de fort mauvais œil la sortie de toutes ces denrées ; ils résolurent de s'y opposer, même de vive force. Un jour donc qu'on emmenait plusieurs voitures chargées de sacs de blé, une bande de femmes accourut ; elles arrêtèrent les voitures, dételèrent les chevaux, renversèrent les sacs et infligèrent à l'huissier, qui faisait le récalcitrant, une correction maternelle dont il conserva longtemps les traces visibles ; il fut relevé tout meurtri, et dut garder le lit pendant deux longs mois.

Les immeubles, « dépendant de la succession des ci-devant Bénédictins », furent loués : les bâtiments pour la somme de 1,150 francs ; les prés, les vignes, les houblonnières, les jardins, pour 875 francs. Les services administratifs du canton furent installés dans l'ancienne infirmerie.

Enfin le district se décida à mettre le tout en vente. Mais craignant que, si on aliénait d'un seul coup toutes ces propriétés, la valeur n'en fût trop dépréciée, il évita la précipitation et procéda par intervalles. Malgré toutes ces précautions, le résultat fut médiocre; le Trésor public ne s'enrichit guère.

La première vacation eut lieu le 22 messidor, an II (9 juillet 1794); elle portait sur la ferme de Marivaux, qui comprenait « un corps de logis, des bâtiments, un pressoir, une grange, une écurie, une cour et d'immenses dépendances, 31 fauchées de prés et environ 171 jours de terres labourables ». Elle fut adjugée au citoyen Jean M., pour la somme de 32,000 francs [1].

Successivement on mit aux enchères la ferme de Chenicourt, la maison de la Bouillante, les prés, les vignes, les houblonnières, etc. La maison de la Bouillante était affermée, sauf le réservoir à poissons, pour de longues années encore; le bail fut déchiré et la maison vendue à Jean M., pour 1,300 francs [2].

Restaient le couvent et la brasserie. L'inventaire dressé par l'huissier nous fait connaître l'état du couvent. « Il est précédé d'une grande cour entourée de cloîtres sur trois faces; la quatrième face est occupée par l'église... L'église a son portail sur la rue St-Laurent. Ce portail, qui a 21 pieds de largeur, est bâti en pierres de taille et décoré de deux ordres d'architecture; il est couronné d'un fronton. L'intérieur de l'église, bâti partie en moëllons, partie en petits carreaux de pierres de taille, a 129 pieds de long sur 63 de large. Les

---

[1] *Arch. dép.* Vente de biens nationaux, 1re origine.
[2] *Ibid.*

voûtes sont supportées par huit piliers en pierre
de taille, et, dans les deux autres placés à l'entrée
du chœur, se trouvent pratiqués deux petits escaliers pour aller au-dessus des voûtes et dans la
crypte. L'église est pavée de pierres de taille ; les
vitraux étaient garnis de plomb, *mais il n'en reste
que peu de chose.* La charpente est en chêne, recouverte d'une toiture d'ardoises... Dans le chœur,
il y a un magnifique autel en marbre et des boiseries finement sculptées... En face du bâtiment
principal et sur les côtés, se trouvent les jardins
potagers d'une contenance de 5 jours et le verger
d'une contenance de 13 jours... [1] ».

Le tout, maison, brasserie, église, aisances et dépendances, verger et potager, fut adjugé à Jean
M., pour la somme dérisoire de 39,950 livres [2].
Encore ne faut-il pas prendre ce chiffre au sérieux,
car l'acquéreur était libre de payer avec des assignats, et à cette époque ce papier-monnaie subis-
sait une dépréciation de plus de 80 pour %.

Ainsi finit cette célèbre abbaye bénédictine de
Dieulouard, qui jeta un vif éclat. Elle rendit de
grands services à la commune et aux communes
voisines, surtout pendant la terrible guerre de
Trente-Ans. Elle fut pour toute la contrée un foyer
de vie chrétienne, de vertus et de charité.

Dans un *Mémoire* adressé au préfet du département par le conseil municipal, en 1822, nous
lisons ce qui suit : « Une abbaye composée de

---

[1] *Ibid.*
[2] *Ibid.* — Cette vente eut lieu le 6 juillet 1796.

religieux Bénédictins anglais et irlandais fut établie dans ce bourg, en l'an 1606; la primitive église de Dieulouard, la Collégiale, leur fut donnée. Cette Collégiale avait été créée en 1020. Les bâtiments du monastère et une église fort belle ont été détruits en 1799. Les Bénédictins avaient la concession exclusive de fabriquer de la bière, laquelle bière avait une réputation au loin. *Si les pauvres ont éprouvé une perte sensible à la dissolution de cette maison religieuse, les honnêtes gens ont à regretter une belle société...* [1] » Quoi de plus touchant que ce témoignage de respect rendu par la population de Dieulouard à la mémoire des Bénédictins, trente ans après leur disparition? Depuis longtemps la génération qui a été témoin de leurs bienfaits et de leurs libéralités est éteinte; mais leur souvenir est resté vivace, il s'est transmis de père en fils, et il ne semble pas devoir s'effacer de sitôt.

La suppression du couvent St-Laurent coïncida avec ce qu'on est convenu d'appeler, dans l'histoire, la Terreur; époque effroyable dont il est bien difficile aujourd'hui de se faire une idée exacte.

Tout exercice du culte a cessé à Dieulouard; le dernier acte religieux accompli par le curé-intrus est du 5 novembre. L'église paroissiale a changé de nom et de destination; elle s'appelle *Temple de la Raison*, et elle sert de salle de club. Au jour de

---

[1] *Arch. municip.*

la Décade, un lettré, ancien étudiant en théologie,
Christophe X., lit et commente du haut de la
chaire de morale les décrets de la Convention.
Une fois, on y célébra en grande pompe la fête de
l'Agriculture. Un bœuf orné de flots et de rubans
y fut promené au son de la musique et au chant
des hymnes et des cantiques. Une autre fois, on
y donna un bal dans le chœur. Mais la justice de
Dieu ne laissa pas impunie cette odieuse profanation. Le joueur de violon, qui s'était assis sur le
tabernacle, périt de mort violente dans la même
année; la plupart des affreuses mégères qui avaient
pris part à la danse furent atteintes d'infirmités
précoces; plusieurs devinrent aveugles [1].

Puisque le culte était supprimé, à quoi bon les
objets du culte? Ne fallait-il pas d'ailleurs effacer
jusqu'au souvenir de la superstition? Tous les objets du culte furent donc vendus à l'encan ou détruits.

On commença par les cloches. « Ce jourd'hui,
21 décembre 1793 (vieux style), devant l'église
paroissiale de Dieulouard, en présence des officiers
municipaux, à trois heures de l'après-midi, il a
été procédé à l'adjudication au rabais de la descente de deux cloches du clocher de ce lieu pour
être conduites au district de Pont-à-Mousson, con-
formément au décret de la Convention nationale,
qui porte qu'il n'y aura plus qu'une cloche dans
toutes les paroisses de la République. Après avoir

---

[1] Tradition locale.

attendu jusqu'à cinq heures du soir, personne ne s'étant présenté pour prendre ladite adjudication, il a été arrêté que copie des présentes serait envoyée à l'administration [1]. »

Le district fut forcé d'expédier deux ouvriers pour procéder à l'opération.

Le 26 janvier 1794, il est procédé, par ordre supérieur, à l'adjudication « de la descente de la croix du clocher de l'église de la paroisse, ainsi que de celle du clocher de l'église des ci-devant Bénédictins, appartenant actuellement à la nation [2] ». Il faut dire à l'honneur de la population qu'aucun habitant du lieu ne voulut se charger de cette répugnante besogne. De nouveau le district dut envoyer deux jeunes gens de Pont-à-Mousson. La tradition locale raconte qu'un de ces malheureux, sur le point d'atteindre le haut du clocher des Bénédictins, tomba par terre et fut tué raide.

Le 9 ventôse (27 février), on dressa un inventaire détaillé « des effets » existant dans l'église du lieu. Nous le reproduisons presque en entier, afin que l'on puisse se faire une idée du mobilier que possédait une église de campagne au siècle dernier.

« Dans la sacristie de gauche, en entrant, nous (maire et officiers municipaux) avons trouvé : 6 grands chandeliers, 2 petits ; 1 Christ ; 1 lampe ; 1 bénitier ; 2 feuilles de rosette, le tout argenté ;

---

[1] *Arch. municip.*
[2] *Ibid.*

3 petits bénitiers en cuivre; 4 burettes; 3 assiettes; 1 cruche, le tout en étain; 1 lave-mains en cuivre avec son robinet; 6 cadres tant grands que petits; 1 cierge pascal en bois doré; 2 croix en cuivre, le pied en bois, avec leurs bannières; 1 devant d'autel en étoffe noire; 2 devants d'autel en soie; 1 graduel; 2 missels; 2 processionnaux; 2 grands Christs en bois; 4 petites clochettes en métal; 22 chasubles; 10 tuniques; 1 garniture de tabernacle en satin, ornée de galons d'argent; 2 étoles; 5 chapes; 2 chapes en drap noir; 1 dais à quatre pans en velours cramoisi; 1 dessus d'autel en même étoffe; 2 soutanelles noires, 4 rouges; 4 bonnets carrés; 11 aubes en dentelle, 6 sans dentelle; 10 surplis à grandes manches, 19 à petites manches; 3 nappes d'autel; 36 serviettes, 15 amits; 22 cordons; 18 lavabos; 8 corporaux; 6 livres de cire... Dans la sacristie de droite : 1 niche en feuilles de rosettes argentées; 1 lutrin en fer; 22 chandeliers, grands et petits, en bois noir; des fonts baptismaux; 1 tabernacle en bois doré; 4 statues; 2 girandoles; 1 main en cuivre couverte d'une feuille blanche pesant 49 livres, renfermant les reliques de Saint-Sébastien... Dans l'intérieur de l'église : des boiseries en chêne, couleur grise; 8 escabeaux en chêne; 2 chaises; 1 balustrade en fer forgé, sur laquelle sont posées 6 pommes en cuivre; 86 bancs en bois de chêne; 2 confessionnaux; 1 jeu d'orgue... [1] »

---

[1] *Ibid.*

On remarquera qu'il n'est fait aucune mention
des vases sacrés ni des reliquaires. C'est que déjà
à cette époque ils avaient été envoyés à la Monnaie
de Metz pour être fondus [1]. Ils représentaient un
poids de 28 marcs d'or et 196 marcs d'argent ; ce
qui prouve bien la vérité du dire des anciens, à
savoir que les vases sacrés et les reliquaires étaient
de toute beauté.

Le 6 prairial (25 mai), le district somme la municipalité de vendre, « sans retard, les effets, meubles, provenant des fabriques, confréries et charités, qui existent dans le temple de la Raison de
Dieulouard et dans celui de Scarpone, ne pouvant
être d'aucune utilité pour la République, tels que
tabernacles, confessionnaux, etc., sans y comprendre toutefois les bancs, *la chaire de morale*,
ni aucun meuble tenant à clous et à chevilles ».
Cet ordre fut exécuté seulement quinze jours
après. « Ce jourd'hui 22 prairial (10 juin), l'an
de la République une et indivisible, d'après la
lettre datée du 6 prairial des Administrateurs
du district de Pont-à-Mousson, nous, maire, officiers municipaux et agents nationaux de la
commune de Dieulouard, après avoir fait afficher
et annoncer à son de caisse la vente desdits
meubles et effets, nous avons arrêté qu'il sera
procédé aujourd'hui, à trois heures de relevée, et
jours suivants, s'il y a lieu, par adjudication, au

---

[1] *Ibid.* — En 1703, la valeur du marc d'or fut fixée à 474 francs,
et celle du marc d'argent à 31 francs.

plus haut metteur et dernier enchérisseur, à la vente des dits effets et au comptant... »

Il se présenta peu d'amateurs, car la vente ne produisit en tout que 476 livres, 15 sols [1].

Le district ne fut pas content; il accusa la municipalité de manquer de civisme, et lui enjoignit de mettre à l'encan, et sans plus tarder, « *tous* les effets destinés au culte, *tous* les ornements, *toutes* les croix, *toutes* les statues, *toutes* les images des saints et de verser le montant de la vente dans la caisse du receveur municipal [2]. Cette fois, il fallut bien obéir.

Une nouvelle vente eut donc lieu le 23 vendémiaire (14 octobre). Dans cette vente, nous voyons figurer « 1 tabernacle doré, vendu 69 francs à Jean B...; le voile de la ci-devant Vierge, 6 francs; le voile du petit Enfant-Jésus de la Grotte, 6 livres, 12 sols; la statue du Rosaire, 22 livres, au citoyen Nicolas P...; une main en bois argenté, appelée main de St Sébastien, 3 livres; 1 grande toile peinte, 10 francs; 1 ciboire, avec un calice en verre, 5 francs; 5 gros missels, 8 francs; le dessus du dais, en damas blanc, 44 francs; 2 confessionnaux, 100 francs, etc. » Malgré le grand nombre d'objets mis aux enchères, la vente ne produisit que 489 livres, 5 sols [3]. C'était peu. La plupart des acquéreurs n'achetèrent ces objets

---

[1] *Ibid.*
[2] *Ibid.*
[3] *Ibid.*

que pour les soustraire à la profanation, et avec la pensée de les rendre plus tard à leur destination primitive.

On rapporte que, pendant cette vente, un certain individu, Etienne M..., prit au bout de son pied la robe de l'Enfant-Jésus et s'écria en ricanant : « A combien la robe de l'arlequin ? » Ce blasphème ne lui porta pas bonheur. Quelques semaines après, il tomba malade, et son pied se pourrit.

Grâce à un pieux stratagème, la statue de Notre-Dame des Grottes ne fut pas mise en vente. Quelques personnes dévouées murèrent l'entrée de la crypte, en sorte qu'elle fut censée ne plus *dépendre du Temple de la Raison*. Le district fit bien entendre quelques réclamations, mais il n'insista pas, et la statue fut sauvée.

Le 26 brumaire (15 novembre), eut lieu la vente « des pierres de taille provenant des signes de superstition, situées sur les places et lieux publics de la commune de Dieulouard. » Les croix de la Bouillante, de St-Nicolas, de Scarpone, de l'Angrepont, furent cédées pour 100 francs à Jean B..., voiturier. L'agent municipal déclare dans son procès-verbal qu'il dût se contenter de ce prix minime, « personne ne s'étant présenté pour faire des conditions meilleures[1]. »

Les statues de St Sébastien et de deux anges, ainsi que la croix, qui ornent le portail de l'église,

---

[1] *Ibid.*

ne furent pas mises en vente. Voici comment. Les municipaux firent renverser sur le toit de l'église les statues des deux anges et la croix, et cacher avec des planches la statue de S¹ Sébastien, en sorte qu' « *elles n'étaient plus situées sur les places et lieux publics.* » Le district, l'ayant su, manifesta son mécontentement, mais, en présence de l'hostilité de la population, il crut prudent de ne pas passer outre.

Ce n'est pas seulement à la religion que la Révolution s'attaquait; elle s'en prenait à toutes les institutions du pays.

Le 21 octobre 1793, le citoyen juge de paix, Nicolas François, avait été invité à faire un inventaire « de tous les meubles et effets appartenant au cy-devant évêque de Verdun, renfermés au château. » Croirait-on que l'inventaire ne s'éleva qu'à la somme de 111 francs? Dans le cours de l'année 1794 (16 mai), ce château, avec toutes les dépendances, fut acheté par Jean M., pour la modique somme de 18,700 livres, payables en assignats[1].

Le 29 brumaire (19 novembre), on loua pour trois ans les maisons d'écoles des garçons et des filles. C'est ainsi que la Révolution prenait soin de l'instruction de la jeunesse!

Sur la fin de la même année 1794, le curé-intrus, Jean Malgaine, fut expulsé de Dieulouard[2], en

---

[1] *Arch. dép.* Vente de biens nationaux, 1ʳᵉ origine.

[2] Jean Malgaine se retira à Vandières, son pays natal. A l'époque du Concordat, il rétracta ses erreurs. se réconcilia avec

vertu du décret qui obligeait tous les curés à s'éloigner de leurs paroisses à une distance d'au moins quatre lieues. Voilà comment on récompensait sa soumission aux lois nouvelles et son apostasie !

Pendant ces tristes années que nous venons de parcourir, plusieurs prêtres insermentés se réfugièrent à Dieulouard, et y exercèrent en secret le saint ministère. L'un d'eux, Jean-François Naudot [1], mérite une mention particulière.

Né à Dieulouard en 1732, il fut d'abord vicaire dans sa paroisse natale, de 1757 à 1759 : puis successivement curé de S¹-Mansuy-les-Toul, de Jezainville et de Jaillon. C'est dans cette dernière paroisse que la Révolution le trouva. Il refusa de prêter le serment civique [2], et vint chercher asile à Dieulouard au sein de sa famille. Il resta caché

l'Eglise, devint curé de Feys-Regniéville (1805-1807), puis curé de Blénod-les-Pont-à-Mousson jusqu'à sa mort (1817).

[1] « Jean-François Naudot, fils légitime du sieur François Naudot, lieutenant de prévosté, procureur et notaire en cette prévosté, et de Marguerite Husson, son épouse, est *né et baptisé* le seize de septembre mil sept cent trente-deux; il a eu pour parrain Jean-François Ferquel, procureur-syndic de l'hôtel de ville de Nomeny, et pour marraine demoiselle Catherine Alexandre, fille du sieur Philippe Alexandre, fermier général de l'Evêché de Verdun, qui ont signé... » (*Arch. municip.*)

[2] L'abbé Chatrian range M. Naudot parmi les prêtres jureurs, mais nous pensons qu'il se trompe. D'abord toutes les traditions locales affirment le contraire. Ensuite, si M. Naudot avait prêté le serment, pourquoi se serait-il tenu caché pendant la Révolution ? On sait, du reste, que toutes les assertions du docte abbé ne doivent pas être acceptées comme paroles d'Evangile, et que beaucoup ont besoin d'être contrôlées.

tout le temps de la Terreur, dans une porcherie située rue St-Laurent [1]. Un petit réduit couvert de paille, éclairé par une simple lucarne, lui servait d'abri.

De temps à autre, pendant la nuit, il sortait de sa cachette pour visiter les malades qui réclamaient son ministère ou pour célébrer le saint sacrifice de la messe. Un habitué de ces offices nocturnes aimait plus tard à répéter : « Je n'ai pas encore cinquante ans, et j'ai déjà assisté à la messe de minuit plus de cent fois. » Bien que la présence de ce digne prêtre fût connue d'une grande partie des habitants, aucune dénonciation ne fut portée contre lui.

Cependant, on était las en France de ce régime exécrable, qui fermait les églises, tyrannisait les consciences, exilait, emprisonnait, guillotinait les prêtres. Beaucoup de bons citoyens profitèrent de ce mouvement favorable de l'opinion pour réclamer, auprès de la Convention, le droit de servir Dieu, comme ils l'entendraient. Ils obtinrent le décret du 21 février 1795 qui proclamait *la liberté des cultes*, et reconnaissait aux citoyens le droit de professer leur religion, mais à condition qu'ils s'abstiendraient de toute cérémonie extérieure, et que le gouvernement ne serait pas chargé du traitement des ministres du culte et de la fourniture des locaux. Un mois plus tard, 11 prairial (30 mars), un second arrêt fut

---

[1] Le hangar avoisinant la pompe de la rue St-Laurent.

rendu, qui autorisait les communes « à céder pour l'exercice du culte les églises non aliénées, » à condition que tous les prêtres qui exerceraient les fonctions ecclésiastiques feraient, devant la municipalité du lieu, une déclaration *de soumission aux lois de la République.*

Les habitants de Dieulouard ne furent pas les derniers à user de cette autorisation. L'enthousiasme avec lequel ils avaient accueilli la Révolution à ses débuts, s'en promettant monts et merveilles, avait fait place, chez le plus grand nombre, à la froideur et même à l'hostilité, au spectacle des excès commis en 1793 et 1794. Sur la demande de la majorité des citoyens, l'église St-Sébastien, qui n'avait pas été *aliénée*, fut rendue au culte. Les électeurs de la commune choisirent pour curé, Charles Raybois[1], qui accepta.

Celui-ci comparait donc devant le maire et les officiers municipaux, et déclare, « que pour satisfaire et remplir les vœux des habitants de Dieulouard, d'après la demande que ceux-ci lui en ont faite, il est dans l'intention, en qualité de ministre du culte *catholique*, de l'exercer en ce lieu, non comme curé de cette commune, mais bien pour se rendre utile à ses concitoyens, en se conformant aux lois et règlements qui seront faits par la municipalité[2]. »

---

[1] Il naquit à Nancy le 17 octobre 1725. Il avait été vicaire de Dieulouard, de 1752 à 1756, et, en dernier lieu, curé assermenté de Serrières.

[2] *Arch. municip.*

Après cette embrouillée et peu fière déclaration, il prête le serment d'obéissance à la République, en ces termes : « Je reconnais que l'universalité des citoyens français est le souverain, et je promets soumission et obéissance aux lois de la République [1]. »

Un certificat de résidence qui lui fut délivré par la municipalité et que nous avons entre les mains, trace de lui le portrait suivant : « Taille, cinq pieds, cinq pouces, quatre lignes; cheveux châtains; yeux bleus; nez bien fait, sauf une fistule qui se trouve au bout; visage taché de petite vérole [2]. » Au moral, c'était un ambitieux, un caractère faible, un vrai peureux, craignant par dessus tout de s'attirer des ennuis.

Une nouvelle location des places de bancs eut lieu le 5 septembre; elle produisit 1472 livres, cours de la république.

Malgré le décret sur *la liberté des cultes*, plus d'une fois, pendant les années qui suivirent, on dut interrompre les offices religieux et fermer l'église, par suite de la recrudescence de la persécution religieuse [3]. Enfin le Concordat vint mettre un terme à cet état de choses désolant; la liberté religieuse fut reconnue et garantie solennellement en France.

Mais que de ruines morales et matérielles accu-

---

[1] *Ibid.*
[2] *Arch. municip.*
[3] *Ibid.*

mulées sur notre pauvre pays, en quelques années! Pour ne parler que de ce qui nous concerne spécialement, de Dieulouard : le couvent des Bénédictins a subi une transformation complète ; les beaux cloîtres, qui entouraient la cour et lui donnaient une physionomie si originale, ont été abattus; l'église St-Laurent a été démolie et rasée du sol ; ses pierres et ses moëllons ont servi à clore une immense propriété située au bas du village; l'herbe pousse là où, pendant plus de dix siècles, des religieux se sont agenouillés et ont prié. Au chant des cantiques et des hymnes sacrées ont succédé le bruit des voitures et les cris des charretiers. Tout d'abord, le nouveau propriétaire avait eu la pensée de le démolir de fond en comble et d'y faire passer la charrue, pour effacer à jamais, disait-il, le souvenir des moines. Mais l'intérêt a été plus fort que la haine; il s'est contenté de le mutiler.

Il reste, il est vrai, la belle église St-Sébastien; mais dans quel état ! « Elle tombe en ruine de toutes parts, faute d'entretien[1]. » Ses ornements, ses vases sacrés si riches, les statues qui la décoraient, tout a disparu. Ses vitraux ont été brisés. La balustrade en fer forgé, œuvre de Jean Lamour, a été abîmée pour en arracher les fleurs de lys, « emblème réactionnaire, » qui s'y trouvaient. Des trois cloches, il ne reste que la plus petite.

Est-il besoin de dire que pendant cette période

---

[1] *Délibération du conseil général de la commune.*

révolutionnaire les mœurs libres fleurirent tout à leur aise? L'irréligion ne déchaîne-t-elle pas toujours à sa suite l'immoralité? On remarque une progression toujours croissante de naissances illégitimes et plusieurs divorces. On voit dans les actes civils les dénominations les plus sottes données aux enfants. Les noms de saints font place à ceux de Brutus, Scœvola, Danton, Egalité, Liberté, Fraternité, etc.

En somme, que reste-t-il du passé? Rien ou presque rien. Tout est à refaire et à réorganiser.

CONCLUSION

Nous avons accompli la tâche que nous nous étions imposée, qui était de *raconter le passé politique et religieux de Scarpone et de Dieulouard.*

Et maintenant, il nous semble que de tout ce qui précède nous sommes en droit de tirer les conclusions suivantes :

Que les habitants de Dieulouard, sous l'ancien régime, étaient loin d'être aussi à plaindre et aussi arriérés qu'on voudrait le faire croire ;

Que le gouvernement temporel des évêques de Verdun n'a pas été dur et rigoureux, mais plutôt débonnaire et paternel ; qu'ainsi se vérifie, une fois de plus, la parole bien connue : « Il fait bon vivre sous la crosse et servir les gens d'église ;

Que les religieux et curés de Dieulouard ont rendu d'immenses services à la paroisse ;

Que les Bénédictins anglais, en particulier, ont laissé un souvenir ineffaçable, à cause de leur charité ;

Que la religion a exercé une heureuse et salutaire influence sur l'état moral et social de Dieulouard, dans les siècles passés ;

Que la Révolution, au contraire, n'y a fait que des ruines.

Tels sont les faits. Telle est l'exacte vérité.

CHAPITRE VIII

UNE EXCURSION ARCHÉOLOGIQUE A DIEULOUARD ET A SCARPONE, EN 1894.

Panorama du pays, vu du sommet de la côte de Cuite. — Le château de Dieulouard. — L'église. — La crypte de l'église. — Le pèlerinage de Notre-Dame des Grottes. — Le Milonais. — La maison des voués. — L'ancien couvent. — Le champ de bataille de 366. — Ruines de Scarpone. — Impressions.

Montons ensemble la côte de Cuite, située au nord de Dieulouard. Les amateurs de beaux sites et de beaux paysages ne le regretteront pas. Un sentier pittoresque, tracé au milieu des vignes, nous y conduira en moins d'une demi-heure.

Se peut-il un coup d'œil plus charmant que celui qu'on a du sommet de cette colline? Il semble vraiment que la nature ait réuni là tout ce qui peut flatter les yeux. A nos pieds, s'étend la ravissante vallée de la Moselle. Au milieu de la vallée, le fleuve chanté par Ausone promène lentement ses belles eaux, en des contours variés et pleins de grâce. A gauche et à droite, sur le penchant ou sur la crête des côteaux, plus de vingt villes ou villages noyés dans la verdure : Pont-à-Mousson, avec la verte ceinture de ses boulevards; Mousson, avec ses remparts ébréchés et sa couronne de ruines; tout au fond du Val-Ste-Marie, le mont Toullon, où s'élevait jadis, comme un nid d'aigle, un castel féodal, aujourd'hui remplacé par des broussailles ; plus loin, la cathédrale de Metz, qui ressemble, avec sa flèche élancée, à un gigantesque cavalier. Si nous portons nos regards vers le midi et le couchant, nous aurons un spectacle d'un genre différent, mais non moins grandiose. C'est, au premier plan, la gracieuse vallée d'Esch, depuis Martincourt jusqu'à Jezainville ; puis l'immense plaine de la Haye, que terminent les côtes de la Meuse ; Toul, avec sa belle cathédrale gothique ; le mont St-Michel, la grande forteresse lorraine, qui se dresse fièrement dans sa masse imposante, etc.

Sur cette côte de Cuite, les Romains avaient élevé des retranchements dont il ne reste plus trace. Un archéologue affirme avoir vu, çà et là, au milieu des vignes et des champs, des débris de fortifications romaines, en assez bon état. Dans son amour des antiquités, cet archéologue n'aurait-il pas pris pour des débris de fortifications les tas de pierres ou *pierriers* amassés par les vignerons ou les laboureurs ?

Autrefois, sur cette même côte, il y avait aussi un ermitage et une chapelle dédiée à Ste Marie-Madeleine, construits sur l'emplacement du temple du dieu Terme ; ce fut pendant longtemps un lieu fréquenté de pèlerinage. Aujourd'hui, il ne reste plus de la chapelle et de l'ermitage que quelques débris insignifiants, quelques tuiles calcinées.

Après avoir bien contemplé et admiré, redescendons par le même chemin qui nous a amenés.

Quelle est donc cette massive construction que

l'on aperçoit au centre du bourg? Ce sont les restes du château-fort. Bâti par Dudon, vers 997, il a été brûlé en 1113, rebâti, puis brûlé de nouveau en 1115, brûlé pour la troisième fois en 1122, renversé en 1318, démoli en 1483, saccagé en 1562 par les Protestants, enfin démantelé par Louis XIV, vers 1660. C'est ce qui explique comment il s'y trouve des styles de tous les siècles, depuis le xe jusqu'au xviie. Il porte encore les traces des sièges qu'il a subis; ici et là, particulièrement sur la façade du midi, se voit parfaitement l'empreinte de la fusillade et des boulets.

Ce château a vu passer dans ses murs d'illustres personnages : St Bernard, quand, presque mourant, il se rendait à Metz, à la prière de l'archevêque Hillin, de Trèves, pour apaiser les discordes survenues entre les Messins et leurs voisins; le pape Léon IX; Jeanne d'Arc; René II; Charles-le-Téméraire; Louis XIII; Colbert; Louis XIV, etc.

Sa forme est celle d'un trapèze de 100 mètres de longueur sur 85 mètres de largeur. Primitivement, il était entouré de larges et profonds fossés; ceux du côté du midi avaient jusqu'à 60 mètres de largeur, ils étaient traversés par un pont qui existe encore. Ses murs, d'une épaisseur de deux à trois mètres, étaient couverts de créneaux. Huit tours le défendaient. La plus grosse, située au levant, s'appela successivement tour de Beaujour, du Donjon et des Archives, parce que « les archives de l'évêché de Verdun étaient déposées dans la pièce la plus élevée, là où se voyait naguère une

grande cheminée et des peintures sur murailles [1]. »
C'est dans cette tour qu'on enfermait les prisonniers. La seconde tour, qui est carrée, se nommait de la Chapelle ; elle porte en gros chiffres le millésime de 1595. La suivante avait nom la Harlotte. Puis venaient les tours du Barde, de la Nourrie, de la Bouverie, de l'Entrée [2], du Refuge. C'est dans cette dernière que les habitants du bourg se réfugiaient en cas d'alerte. Sur la façade principale du château, on remarque aussi une tourelle en forme de demi-lune, qui ne commence qu'au premier étage ; elle est couronnée de machicoulis assez bien conservés.

Depuis son démantèlement, ce château n'est plus guère que l'ombre de lui-même. Les larges fossés ont été comblés et garnis d'habitations ; le pont-levis a été supprimé et remplacé par une voûte en pierre. Depuis la Révolution surtout, il a subi toutes sortes de dégradations. Des appartements bourgeois ont été aménagés dans l'ancienne salle d'armes, dans la chapelle, dans l'atelier des monnaies. Il n'y a pas longtemps (1852), on a démoli la belle porte voûtée qui servait d'entrée ; elle gênait un peu le passage des voitures de foin et de paille, et, sans plus de façon, on l'a jetée bas. Les huit tours existent encore, il est vrai, mais elles ont perdu leur couronnement. Seule la muraille de ceinture est à peu

[1] Le Bonnetier, *Manus.*, 3e vol., n° 549.
[2] A l'origine, l'entrée du château était du côté nord.

RUINES DU CHATEAU DE DIEULOUARD, EN 1852

(Porte d'entrée)

près intacte ; solide comme le roc sur lequel elle est assise, elle semble devoir défier les siècles [1].

A côté de la porte d'entrée, est placée une statue de la Ste-Vierge tenant dans ses bras l'Enfant-Jésus, avec le millésime de 1647, et ces mots gravés sur le socle : *Sub tuum præsidium.* Témoin muet de la piété des habitants de Dieulouard pour la Mère de Dieu !

Du pied de la tour de la Chapelle, s'échappe le ruisseau le Chaudrup, ainsi nommé parce qu'il ne gèle jamais, même dans les hivers les plus froids. D'où vient-il ? Ne serait-il, comme quelques-uns le prétendent, qu'un écoulement du ruisseau d'Esch, situé cinq kilomètres plus loin ? Rien ne le prouve. Nous pensons plutôt qu'il prend sa source sur le territoire même de Dieulouard, et qu'il est formé de toutes les eaux qui descendent des collines de Cuite et de Gellamont.

Tout près du château, se trouve l'église paroissiale, très ancienne et fort belle.

Lorsque Dudon construisit le château, en 997, il fit ériger, en même temps, à côté, une chapelle, sous le vocable de St Sébastien. Maintes fois, elle fut brûlée, pillée, saccagée, pendant les petites guerres incessantes qui désolèrent la Lorraine au Moyen-Age. En 1482, un curé de Dieulouard, Jean Mengin-le-Bienfaisant, la fit raser et rebâtir, au

---

[1] » Dans l'intérieur (du château de Dieulouard), on retrouve le logement du prévôt, trois citernes. On montre aussi l'endroit où était le pilori de la justice épiscopale, près de la porte, maintenant sans défense... » Henri Lepage, *le Département de la Meurthe.*

moyen de quêtes, sur de plus vastes proportions, à peu près telle que nous la voyons aujourd'hui.

Le portail[1], « d'architecture moderne, d'ordre corinthien, » est orné d'une statue de St Sébastien, placée dans une niche, de deux statues d'anges et d'une croix. Dans un des murs latéraux est incrustée une pierre, sur laquelle est représenté en relief le martyre du patron de la paroisse.

L'église elle-même, de style ogival, est à trois nefs supportées par six piliers. Il y a quelques années (1890), la nef de gauche a été prolongée d'une travée[2]. L'édifice y a gagné en élégance. Il est regrettable que le même travail n'ait pas été exécuté pour la nef correspondante[3].

Autrefois, on avait l'habitude d'enterrer dans les églises les personnages considérables ou les bienfaiteurs de la paroisse. De la sorte, les vivants avaient constamment sous les yeux les leçons de la mort. Aussi remarque-t-on dans l'église de Dieulouard de nombreuses pierres tombales, sur

---

[1] Ce portail a été ajouté par un curé de Dieulouard, Nicolas Barthélémy, en 1739; il ne manque pas d'élégance, malheureusement il n'est pas dans le style de l'église.

[2] Ces travaux de construction, habilement conçus et exécutés par M. Léopold Gigout, architecte, ont coûté environ 7,000 fr., et ont été payés par M. l'abbé Marchal, curé de Dieulouard, *de ses propres deniers, « ex denariis suis. »* — Nous ajouterons aussi que le même abbé Marchal a pris à sa charge les frais de réparation du jeu d'orgues.

[3] Nous croyons savoir qu'*on* se propose d'entreprendre *tout prochainement* ce travail.

le sol de la nef, le long des allées et sous les bancs ; les unes usées et entièrement frustes ; les autres portant des inscriptions encore visibles, mais presque effacées et indéchiffrables. Une de ces pierres tumulaires, placée dans l'avant-chœur, recouvre les restes mortels d'un ancien curé. Au-dessus on lit ces mots :

« Cy git le corps de deffunt messire Nicolas-François Barthelémy, vivant prêtre curé et doyen de Dieulouard, décédé le vingt 2 septembre mille sept cent quarante-neuf, âgé de soixante-quatre ans, curé de ce lieu pendant trente-deux ans. Priez Dieu pour son âme. »

Dans le mur latéral de droite est entaillée une pierre funéraire de petite dimension, avec l'inscription suivante :

« Cy-devant repose le corps de Marguerite Mal Husson, vivante femme de Nicolas Dumay, maitre cordonnier du Pont-à-Mousson, laquelle trespassa en ce lieu de Dieulewart, le 17 janvier 1637. Passants, priez Dieu pour le repos de son âme. »

Dans une des fenêtres de la nef, à droite, on distingue un petit morceau de verre de couleur, avec le chiffre 1515. Sans doute, un reste des anciens vitraux brisés par les Huguenots, lors de leur passage, en 1562.

M. Beaulieu [1] écrivait, en 1830 : « Nous avons remarqué dans l'église de Dieulouard, un autel romain, creusé pour servir de bénitier, dont nous

---

[1] *Archéologie de la Lorraine.*

ne pensons pas qu'on ait encore fait mention. »
Ce bénitier dont parle l'archéologue lorrain est-il
celui qui se trouve à la porte d'entrée, présentement ? Nous le pensons.

Le chœur, auquel on accède par deux escaliers
de huit marches chacun, renferme de magnifiques
boiseries en chêne sculpté. Malheureusement, elles
sont trop hautes, cachent le bas des fenêtres, et
sont enduites d'un affreux vernis qui empêche
de bien distinguer toute la finesse des moulures.
On oubliait vraiment trop autrefois dans nos
églises, que la plus belle parure du chêne est de
ne pas en avoir. Le dessin de ces boiseries existe
aux *Archives départementales ;* il est l'œuvre d'un
architecte du couvent des Bénédictins. « Au-dessus de la boiserie, et surmontées par les arêtes
qui soutiennent la voûte, se voient des sculptures
remarquables, parmi lesquelles un trophée représentant l'Arche sainte et les attributs du culte de
l'Evangile [1]. »

Sous le chœur, est une crypte qui paraît avoir
été primitivement une habitation gauloise. Deux
escaliers taillés dans le roc, de dix-sept marches
chacun, y conduisent. L'un d'eux, celui de droite,
a été fermé, en 1825, et caché par un plancher :
il faut le regretter.

La crypte elle-même comprend deux travées :
l'une forme la nef ; l'autre le chœur, au fond duquel sont percées trois fenêtres de style roman,

----

[1] Henri Lepage : *Le Département de la Meurthe*, art. Dieulouard.

qui ne laissent pénétrer qu'une lumière discrète, si favorable à la prière et au recueillement. Les archéologues s'accordent à dire que les deux fenêtres de droite et de gauche sont de la fin du xe siècle. Vraisemblablement, celle du milieu remontait à la même époque ; elle a été maladroitement restaurée au siècle dernier.

Au chevet du chœur, se dresse un autel surmonté d'une statue de la Ste-Vierge. Sans être un chef-d'œuvre, cette statue n'est pourtant pas dépourvue de valeur artistique. Le visage a une expression de bonté, qui frappe au premier abord. « La tête a autrefois été séparée du tronc ; elle y est rattachée maintenant par une simple soudure en plâtre. L'Enfant-Jésus, que la Ste-Vierge porte dans ses bras, a été plus fortement endommagé : la partie droite de la tête a été brisée ; elle est refaite avec du plâtre. Il tient dans ses mains un cordon avec grains qui fait penser au Rosaire[1]. »

Cette statue a son histoire.

Elle se trouvait anciennement dans la crypte de l'église collégiale St-Laurent. Lorsque les chanoines quittèrent leur couvent (1602), pour aller résider à la Primatiale de Nancy que le cardinal de Lorraine venait de fonder, ils voulurent l'emporter avec eux dans leur nouvelle demeure[2]. Ils la tirent avec précaution de l'endroit qu'elle occu-

---

[1] *Semaine religieuse* de Nancy, 1882, n° 21.

[2] *Ibid.* — Bien que le fait dont il est question ici ne soit relaté dans aucun document ancien, les traditions locales sont trop précises pour qu'il puisse être révoqué en doute.

pait de temps immémorial. Ils la placent sur un chariot qui partait pour Nancy. La rue que prend le véhicule est en pente ; il semble donc qu'il doive marcher tout seul, et qu'au lieu de le pousser, il faudra plutôt le retenir. Mais, ô merveille! arrivé à l'angle de la rue St-Laurent, à la bifurcation qui conduit à l'église paroissiale, il s'arrête de lui-même. On a beau exciter les chevaux de la voix et du geste, les frapper, ils refusent d'avancer. On les remplace par des bœufs solides, capables de traîner un fardeau cent fois plus lourd : comme les chevaux, ils demeurent immobiles. On crie, on gesticule, on les fouette à coups redoublés : on n'obtient rien. Des hommes vigoureux poussent aux roues. Peine inutile : la voiture ne bouge pas. Que veut dire cet étrange arrêt? Ne serait-ce pas un avertissement du ciel? Un signe que la statue se refuse à quitter Dieulouard? C'est ce que pensent les témoins du fait. On décide donc de la transporter à l'église paroissiale. Pour y arriver, il faudra gravir une pente assez rapide ; n'importe, la voiture la gravit sans la moindre difficulté. On descend la statue et on la dépose dans la crypte, où elle est encore actuellement.

Cet événement merveilleux, connu et commenté dans tout le pays, attira bientôt une foule de visiteurs et de pèlerins. Nous lisons, en effet, dans un pied-terrier de 1630 : « Il y a dans l'église St-Sébastien de Dieulouard un pèlerinage fort fréquenté par les particuliers et les processions de divers quartiers, qui viennent en grand nombre. »

Pendant les années qui suivirent, la dévotion à

Notre-Dame des Grottes ne fit que s'enraciner de plus en plus profondément dans le cœur des populations.

Enfin, arrive la Révolution. Le district de Pont-à-Mousson ordonne de mettre en vente « tous les effets, meubles, provenant des fabriques, confréries et charités, qui existent dans le Temple de la Raison de Dieulouard. » La statue vénérée devra donc, elle aussi, être mise à l'encan! De là, grand émoi parmi les fidèles. Comment prévenir une telle profanation ? Après y avoir réfléchi, on s'arrête à ce dernier moyen : on murera les portes de la crypte, et, par suite, elle ne fera plus partie du Temple de la Raison. Grâce à ce pieux subterfuge, la statue ne fut pas mise en vente ; elle fut sauvée. Les mauvais jours passés, on se hâta de rouvrir la crypte. De nouveau, la statue vit à ses pieds un grand nombre de pèlerins. Nous en avons pour preuve les paroles suivantes, extraites d'un *Mémoire* adressé au préfet du département par la municipalité, en l'année 1822 : « L'église de Dieulouard est du Moyen-Age, et fort belle. Elle a un portail d'architecture moderne, d'ordre corinthien. Il y a, sous le chœur, une antique chapelle taillée dans le vif, dédiée à la Ste-Vierge. C'est un lieu de pèlerinage qui a été fort fréquenté ; il est encore *aujourd'hui, et même souvent,* visité par les étrangers [1]. »

La dévotion pour Notre-Dame des Grottes ne

---

[1] *Arch. municip.*

s'est pas refroidie depuis cette époque. La bonne *Vierge-en-Terre* (c'est ainsi qu'on appelle communément Notre-Dame des Grottes) n'a pas cessé d'être aimée et honorée. Beaucoup d'enfants des paroisses voisines viennent, au lendemain de leur première Communion, lui demander de bénir leurs résolutions et leurs promesses, des cierges brûlent nuit et jour devant son autel, et les nombreux ex-voto fixés autour de son image attestent qu'elle est toujours puissante, toujours miséricordieuse.

Le bourg de Dieulouard n'a pas toujours été ce qu'il est aujourd'hui. Primitivement, il était beaucoup plus restreint, sa superficie n'était que de 9 hectares ; il était entouré de murailles et de fossés suffisants pour le mettre à l'abri d'un coup de main.

L'enceinte fortifiée occupait, ou peu s'en faut, l'espace compris actuellement entre la route Nationale, les rues du Ruisseau, St-Laurent, les jardins du couvent, le chemin du Meix, les rues Porte-Boulot et d'Hamonvaux.

Cinq portes y donnaient accès : les portes Pâquis, de Scarpone, St-Laurent [1], St-Remy [2], Boulot [3] et d'Hamonvaux [4].

Cette enceinte fut abattue dans la seconde moitié du xviie siècle, en même temps que le château ;

---

[1] A l'entrée de la rue du Ruisseau.

[2] Sur le chemin de Villers, près du cimetière.

[3] Dans presque tous les actes notariés, cette porte se nomme *Boulac* et non Boulot.

[4] *Hamonvaux*, val de Heimon, évêque de Verdun, le fondateur de Dieulouard.

il n'en reste que quelques vestiges, dans les jardins du couvent. Les fossés ont été comblés et les murailles démolies; ils ont fait place à des rues ou à des habitations.

Il y a à Dieulouard plusieurs vieilles maisons, fort curieuses à visiter. Dans la rue Porte-Boulot, notamment, il en est une dont la porte est richement décorée, et qui forme un contraste frappant avec celles d'à-côté : c'est la maison des anciens seigneurs voués.

Entre l'église et le château, se trouve le Milonais ou la maison de Milon, ce prévôt des Bénédictins français, dont il a été parlé au chapitre premier de cette *Notice*. Dans la cave, taillée tout entière dans la roche vive, on voit, encastrée dans le mur, une pierre fort intéressante au point de vue archéologique. Elle représente en relief un religieux debout. Le costume de ce religieux se compose d'une longue robe, d'un scapulaire en forme triangulaire qui couvre à peine la poitrine. Une corde lui serre les reins, se noue par le devant et tombe presque jusqu'à terre; trois nœuds apparaissent dans la longueur de la corde. La tête est couverte d'un bonnet à six pans, offrant beaucoup de ressemblance avec celui que portent pendant les offices religieux les ecclésiastiques de nos jours. Il est revêtu d'une chape de forme ancienne. A ses genoux, se tient, les mains jointes, un personnage habillé de la même manière, sauf que la corde n'a que deux nœuds, et que la chape est remplacée par un simple capuchon. Ce personnage semble implorer secours, ou faire des vœux.

Cette statue ne serait-elle pas de l'époque de Milon, c'est-à-dire du xe siècle ? Ne figurerait-elle pas un moine du couvent St-Romain ? Nous laissons les archéologues résoudre la question.

N'oublions pas de mentionner le monastère des Bénédictins anglais, si rempli d'intéressants souvenirs. Après cent ans écoulés, il vient d'être rendu, en partie, à sa destination primitive ; il sert présentement pour une école libre [1], sous l'habile direction des Sœurs de la Ste-Enfance de Nancy.

On remarque encore, ici et là, certaines maisons ayant au-dessus de la porte une niche, et plusieurs des statuettes de St-Sébastien ; ce sont les maisons des chanoines de l'ancienne Collégiale.

A l'extrémité du bourg, du côté de Belleville, à l'embranchement de la route de Toul, est l'emplacement de la première bataille gagnée par Jovin sur les Allemands, en 366. Il y a quelques années, on découvrit à cet endroit une longue rangée de cadavres humains et d'ossements de chevaux entassés pêle-mêle. Il ne se passe pas d'année qu'on n'y mette à jour des squelettes humains, des tombeaux, des médailles. C'est là aussi que se trouvait le cimetière gallo-romain ; les nombreux tombeaux et urnes cinéraires qu'on y a déterrés, à différentes reprises, en font foi.

---

[1] Cette école a été fondée, grâce surtout aux largesses de M. l'abbé Morel, ancien curé de Bulligny, natif de Dieulouard.

Nous ne terminerons pas notre promenade, sans visiter les ruines de l'antique cité gallo-romaine, Scarpone.

D'après Le Bonnetier, Scarpone était divisée en cinq parties : la cité leuquoise, la forteresse, le quartier de la Rochotte, celui du Vieux-Pont et le Champ-le-Jô.

La partie leuquoise s'étendait sur les terrains situés actuellement entre la gare du chemin de fer et le canal. Elle occupait environ « quinze journaux de terrain. Elle était riche en médailles d'or et d'argent du Haut et Bas-Empire, en grands et petits bronzes. » Qui se douterait, aujourd'hui, qu'à cet endroit s'élevait jadis des habitations romaines ? N'est-ce pas le cas de répéter avec le poète : « *Et ipsæ periére ruinæ*, les ruines elles-mêmes ont péri ? »

La seconde partie comprenait la forteresse ou le castrum. Cette forteresse affectait la forme d'un parallélogramme ayant cinquante toises de longueur sur quarante de largeur. Ses fortifications consistaient en hautes et épaisses murailles, flanquées à chaque angle du parallélogramme et dans le milieu des deux plus larges côtés, de six tours rondes. La forteresse était bâtie sur une légère ondulation du sol qui la mettait à l'abri des inondations. Il est facile, encore aujourd'hui, d'en reconstituer l'enceinte primitive et d'en délimiter le tracé. Elle occupait à peu près l'emplacement des maisons du hameau.

Au milieu du siècle dernier, « les tours et les remparts avaient encore, presque partout, quinze pieds de hauteur[1]. » Présentement, ils sont à niveau du sol, et même, dans plus d'un endroit, ils ont complètement disparu, recouverts par le gazon et la terre. Voulez-vous juger par vous-même ce qu'ils étaient? Prenez le sentier qui descend à droite, à la sortie du pont de la rivière. Vous verrez, entre une vigne et une houblonnière, un vieux mur, formé de pierres, de cailloux et de briques, reliés ensemble par un ciment très dur : c'est un débris des remparts.

La troisième partie, ou le quartier de la Rochotte, comprenait environ douze journaux de terrain. « Il était au centre de la ville. C'était comme la place d'Armes. Nous y avons vu cinq pierres, placées de distance en distance, semblables à de grosses bornes. Elles servaient apparemment aux cavaliers pour monter à cheval[2]. »

« Le quartier du Vieux-Pont était situé dans la prairie; il formait une élévation d'environ trois journaux de terrain. On n'y a trouvé aucun vestige d'antiquités[3]. »

Enfin, la dernière partie, appelée Champ-le-Jô (campus Jovis, champ de Jupiter), était située « au couchant de l'ermitage St-Firmin, dans le canton de Loisy. On y a découvert des médailles romaines du Haut-Empire, des fondations de murs très solides et des fragments de marbre. J'en conserve un provenant d'une colonne de couleur grise

---

[1] Le Bonnetier.
[2] Id.
[3] Id.

qui pouvait bien avoir vingt pouces de dia-
mètre [1]. »

La voie romaine traversait Scarpone. A l'entrée
et à la sortie de la forteresse, elle formait un
coude assez accentué. Pourquoi ces courbes,
quand on sait que les Romains avaient pour habitude de tracer leurs routes en ligne droite, sans
tenir compte des difficultés du sol? Le Bonnetier
répond que si les Romains ont agi ainsi, c'est qu'il
existait à Scarpone une ancienne station gauloise.
Après avoir énuméré les découvertes faites à cet
endroit, de médailles, d'armes, de haches gauloises, il ajoute : « Une autre preuve de l'existence
de maisons gauloises à Scarpone, c'est le détour
que fit prendre à la voie publique l'ingénieur romain qui le premier la traça. S'il avait continué la
route en ligne directe, il n'aurait fallu que deux
ponts pour traverser la Moselle et le Rup de Nep-
tune, au lieu qu'en détournant cette route à gauche, vers l'occident, il en a fallu quatre. »

De la voie romaine, il ne subsiste plus qu'un
tronçon de quelques mètres, à la sortie du hameau. C'est un mélange de cailloux et de ciment,
d'une épaisseur de soixante centimètres, d'une
solidité telle, que le pic et la pioche sont presque
impuissants à l'entamer.

L'île de Scarpone n'a pas toujours offert l'aspect
qu'elle présente aujourd'hui. Plus d'une fois, dans
la suite des siècles, « l'inconstante et capricieuse

----

[1] *Id.*

Moselle[1] » a changé de place. Il est à présumer qu'à l'origine elle coulait en ligne droite de Belle-ville à Blénod, en longeant le pied des côteaux. On trouve, en effet, dans les jardins près de la gare du chemin de fer, du sable pareil à celui de Moselle : ce qui indique évidemment qu'elle a passé là. Les Romains lui creusèrent un nouveau lit, sur une étendue d'environ 1500 mètres. Ils lui firent contourner la forteresse au nord-est, sans doute pour la mettre à l'abri des incursions des barbares. Travail gigantesque, qui leur fut facile, grâce aux milliers d'esclaves dont ils disposaient. Ce n'est que depuis la terrible inondation de 1734, que la Moselle coule où elle est maintenant.

On franchissait la Moselle et ses écoulements sur quatre ponts. Le premier était à l'entrée du castrum, sur un des fossés de circonvallation. Le second était au centre de la ville. A cent pas plus loin, le troisième, appelé vulgairement pont de la Rochotte, par opposition à l'obélisque, surnom-mée la Grand-Roche ; il n'avait qu'une arche de soixante-dix pieds de longueur sur dix de largeur. Le quatrième était distant du troisième d'un quart de lieue environ. « Nos Scarponois en ont encore vu les ruines jusqu'après l'année 1730. Les pilotis qui le supportaient étaient tellement multipliés, qu'on ne pouvait, dans les eaux basses, ni monter ni descendre avec une nacelle. L'inconstante Mo-selle, gênée par ces pilotis, a changé son cours,

[1] Id.

et les a recouverts de gravier et de sable et, enfin... d'un bon pré, qu'on appelle pré du Vieux-Pont [1]. »

Inutile de dire que le territoire de Scarpone est riche en antiquités de toute nature. « Une des positions les plus intéressantes du département de la Meurthe, dit Beaulieu, par la quantité de constructions romaines, de statues, de bas-reliefs, d'inscriptions et de médailles [2], qui y ont été trouvés, à différentes époques, est, sans contredit, celle de l'antique Scarpone, autrefois riche et populeuse, aujourd'hui remplacé par un modeste hameau. » Nous avons déjà parlé précédemment du musée du P. Le Bonnetier. En 1831, un officier d'artillerie, en cantonnement à Dieulouard, M. de Saulcy, fit opérer des fouilles considérables à Scarpone. Les objets découverts par lui occupent plusieurs vitrines à la Bibliothèque de Metz.

De temps à autre, le soc de la charrue ou la bêche met à nu une pierre tombale, un morceau de colonne, un fragment de statue. Plusieurs fois, on a trouvé des séries de pièces de monnaies, qui sont allées enrichir des collections particulières. On nous montrait, il n'y a pas longtemps, deux monnaies de l'empereur Constantin, avec l'anagramme du Christ, d'un relief admirablement conservé. Il n'est pas douteux que des fouilles intelli-

---

[1] *Id.*

[2] Au Musée des monnaies, à Paris (n° 1154), il y a des monnaies frappées à Scarpone, avec l'inscription : Scarponna fit. (*Mémoires d'arch. lorr.*, Ier vol., p. 128).

gentes, faites à tel ou tel endroit connu, amène-
raient des découvertes précieuses pour l'histoire ;
mais pour cela, il faudrait arracher quelques pieds
de houblon, quelques ceps de vigne ; et, dame !
les propriétaires ne s'en soucient pas.

Disons, en finissant, un mot des ruines de l'obélisque de Constantin et des deux pyramides qui lui
faisaient pendant.

Benoît Picard raconte [1] qu'en 1690 il vit l'obélisque, dont le soubassement était encore revêtu
de ses bas-reliefs représentant la victoire de Constantin-le-Grand sur Maxence et son entrée triomphale à Trèves. « C'était, dit-il, une pierre négli-
gée sur le bord de la rivière et rompue en trois. »

Le P. Le Bonnetier écrit, à son tour : « Lorsque
j'arrivai à Scarpone, en 1748, je trouvai, sur les
bords de la Moselle, deux énormes morceaux de
maçonnerie antique, qu'on appelait la grande
Roche, et qui n'étaient autre chose que l'obélisque.
Mes paroissiens m'apprirent qu'un homme de
Dieulouard, Toussaint Robin, avait, en 1715, scié
et cassé trois grands morceaux de l'obélisque, qu'il
avait fait conduire sur des charrettes, pour rebâtir
sa maison, en fait de portes, fenêtres et chemi-
nées, et que sur la base de ces pierres se voyaient
de grandes rangées de lettres... J'allai plusieurs
fois visiter la maison de ce destructeur d'obélisque, de ce vandale, pour voir s'il y avait encore
quelque inscription, mais je n'en vis plus la

---

[1] *Histoire de Metz.*

moindre. On sait, du reste, que les tailleurs de pierre, quand il s'agit de polir leur ouvrage, n'épargnent ni sculptures, ni inscriptions... Quelques années après mon arrivée, en 1753, on débita encore à la scie et au marteau des morceaux de l'obélique, qui gênaient le passage des barques et des flottes... En septembre 1760, je visitai les ruines de l'obélisque ; elles mesuraient en longueur vingt-un pieds d'un seul morceau *triangulaire,* et douze autres pieds mutilés. C'est une maçonnerie dans le goût des arches de Jouy... A l'occident de notre obélisque, je vis aussi une suite de morceaux triangulaires en maçonnerie, formés de petites pierres de roche taillées, ayant trente-trois pieds de long. Je compris que c'était une pyramide triangulaire qui accompagnait l'obélisque... »

Dans le courant de l'été de 1892, le petit barrage placé à la pointe de l'île de Scarpone fut complètement fermé ; par suite, le bras occidental de la Moselle fut mis à sec. Nous profitâmes de la circonstance pour nous rendre compte « *de visu* » de l'état des ruines de l'obélisque et des pyramides. Les fondations étaient toujours là. C'est un massif de maçonnerie de tous points semblable à celle de l'aqueduc de Jouy-aux-Arches et du palais de Constantin, à Trèves. A côté, gisaient d'énormes blocs de maçonnerie, provenant sans doute du piédestal de l'obélisque. Des trois tronçons, dont parle Benoit Picard, nous n'avons plus trouvé trace. Dans le fond du lit de la rivière nous vîmes aussi une quantité de débris de tuiles plates ou à rebord et de briques, couvertes de stries de différents dessins. Il nous a été impossible de découvrir la moindre pièce de monnaie.

En résumé, il subsiste bien peu de chose de l'antique Scarpone. Cependant, en parcourant ces quelques vestiges, il est difficile de se défendre d'une certaine émotion. Le souvenir du passé s'empare involontairement de l'esprit et commande le respect.

TABLE DES MATIÈRES

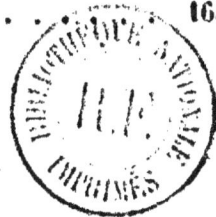

APPENDICE

---

§ 1

LISTE DES CURÉS DE DIEULOUARD [1]

1329. Sébastien ALBERT.
1332. Laurent MICHEL.
1333. Georges THIERRY.
1346. Nicolas D'OCTONVILLE.
1350. Jean HENNEQUIN.
1372. Jacques DE FLIREY.
1390. Jean JOLEM.
1410. Jacques DE NOMENY.
1429. Jean COLLIN.
1451. Jean MENGIN.
1538. Poirot BEUFNON.
1558. Clément BEUFNON.
1591. Christophe DE FLUTOT.
1597. Jean LORREY.
1603. Romain FERRIER.
1605. Henri D'AVIGNON.
1622. Luc BRETON.
1622. Jean MONISSON.
1632. Henri MANSUY.
1635. Jean RICHEBOIS.

1636. Joseph LECLERC.
1636. Nicolas POIROT.
1639. Philippe RICHEBOIS.
1665. Jean BRADIN (2).
1667. Etienne SABAUDIN.
1718. Nicolas BARTHELÉMY.
1749. J.-B. SIMON (3).
1762. Nicolas JOSIÉ.
Curés constitutionnels :
1791. Jean MALGAINE.
1791. Charles RAYBOIS.

1803. Jean DUPUY.
1821. Nicolas POIRSON.
1827. E. DUVAL-POUTREL.
1832. Charles GUYOT.
1841. Louis GASCARD.
1878. M. François MARCHAL,
    « *ad multos annos!* »

---

(1) Cette liste n'est complète qu'à dater du xviie siècle.

(2) Il permute avec Etienne Sabaudin, chapelain de la confrérie de l'Immaculée-Conception érigée dans l'église de Belleville.

(3) L'acte de sa prise de possession est ainsi conçu : « J'ai été nommé à la cure de Dieulouard par M. l'abbé Ravinel, chanoine de la Primatiale de Nancy, le 8 octobre 1749. Mgr Bégon, évêque et comte de Toul, m'en a accordé l'institution le 25 octobre de la même année ; j'ai prêté le serment de fidélité au bailliage de Verdun, le 5 octobre 1750, et j'ai pris possession de ladite cure. » Signé : Simon Jean-Baptiste, docteur en théologie de la Faculté de Pau. (*Archives de Dieulouard.*)

§ II

LISTE DES PRIEURS DU COUVENT DES BÉNÉDICTINS DE DIEULOUARD.

1609. Gabriel GIFFARD.
1610. Nicolas FITZJAMES.
1610. Paul DE ONIA.
1611. Edouard MATHEW.
1620. Jocelyn ELMER.
1621. Colombard MALOUE.
1623. Laurent REYNER.
1641. Cuthbert HORSLEY.
1653. Laurent REYNER.
1657. Cuthbert HORSLEY.
1659. Placide ADELHAM.
1661. Cuthbert HORSLEY.
1677. Jean GIRLINGTON.
1681. Bernard GREGSON.
1685. Jacques MATHER.

1687. Mellit WOLMESLEY.
1680 Jacques MATHER.
1693. Laurent CHAMPNEY.
1701. François WATMOUGH.
1710. Robert HARDCASTLE.
1713. Bernard LOWICK.
1717. Laurent CHAMPNEY.
1721. François WATMOUGH.
1733. Bernard CATTERAL.
1753. Ambroise CAYE.
1765. Grégoire COWLEY.
1773. Dunstan HOLDERNESS.
1781. Jérôme MARSCH.
1785. Jérôme COUPE.
1789-1793. Richard MARSCH.

Nancy, Imprimerie R. Vagner.

Prévôté de Dieulouard.

www.ingramcontent.com/pod-product-compliance
Lightning Source LLC
Chambersburg PA
CBHW070636100426
42744CB00006B/701